JN097900

# みっちみち&リッチ！
# 感動味の濃厚スイーツ

\*

## おなつ

山と溪谷社

# はじめに

おなつです。この本をお手に取っていただけてうれしいです。

小学生の頃からお菓子作りが大好きで、イベント事があるたび、わくわくしながら作っていました。
毎日のようにお菓子、パンを作るようになったのは2013年頃から。
最初はお菓子もパンもまぁ下手くそで。笑
ムキになって夜中まで作業していたこともありました。

上手にできたときはすごくうれしくて、その瞬間を写真に残したい!! と思い始め、カメラで撮影するようになりました。
そして撮った写真を誰かに見てほしいなぁ、ほかの方の手作りも見てみたいなぁと思うようになり、ブログとInstagramを始めました。
以来、パン作りお菓子作りを通して、たくさんの方とつながることができてすっごく幸せです。

私にとっては、ケーキ屋さんのケーキは本当のご褒美で、自分で作るケーキや焼き菓子は少し頑張ったとき、少し落ち込んだときなどに食べる「ちょっとしたご褒美」にしています。

ひと口目から「うっま!」となるような濃厚なお菓子が大好きで、でも濃厚なだけじゃだめ、クドすぎず甘すぎずもう少し食べたい! と思えるような「濃厚」が好きです。
この本では、そんな濃厚スイーツの中でもとくにお気に入りをご紹介しています。
甘くて癒やされる手作りのお菓子が、皆様の「ちょっとの幸せ」につながればとてもうれしく思います。

おなつ

うっま！な濃厚スイーツで、

「濃厚といえば」な定番お菓子はもちろん、
大大大好きなフレーバー「チョコ」と「抹茶」のお菓子ばかりを集めた章や、
憧れのエッグタルトやガレットデロワの作り方を紹介する章まで、
おなつ的おすすめを詰め込んだスイーツブック。
心ゆくまでお楽しみください。

4

はぁ〜と満ち足りる幸せ。

# 目次

# 1章

## チョコ&抹茶が好きすぎて
## みっちみち偏愛スイーツ

ドーナツ、カヌレ、ケーキ、ブラウニー、アイス、
濃厚みっちりな幸せを詰め込んだ、
スイーツ&アレンジレシピをご紹介。
チョコ好きさん向けには、チョコリッチに、
抹茶好きさん向けには、ほろ苦うまいアレンジにしました。
#つまり、おなつのためのスイーツ大集合

# オールドファッションドーナツ

思いたったらすぐに作れる、揚げドーナツ。
切り目があんまり開かなくても、大丈夫。
溶かしチョコのコーティング（p.15参照）や
シナモンシュガーのコーティング（p.14参照）でメイクアップ。
お好みでナッツをパラリとトッピングしても。

プレーンドーナツ
作り方は p.10へ

チョコドーナツ
作り方は p.12へ

プレーンドーナツの
シナモンシュガー
コーティング
作り方は p.14へ

抹茶ドーナツ
作り方は p.13へ

＊材料＊　直径約7cmのドーナツ6〜7個分

バター ......... 35g
きび砂糖 ......... 70g
卵 ......... 1個
バニラオイル ......... 数滴
A┃強力粉 ......... 110g
　┃薄力粉 ......... 90g
　┃ベーキングパウダー ......... 4g
揚げ油 ......... 適量
☞油は新しいものを使う。


＊下準備＊

・バターと卵は常温に戻し、
　卵は溶きほぐす。
・Aは合わせてふるう。

# プレーンドーナツ

＊作り方＊

ボウルにバターときび砂糖を入れ、
ゴムべらでよく混ぜる。

溶き卵を2回に分けて加え、そのつ
どホイッパーでしっかりと混ぜ、バ
ニラオイルを加えてひと混ぜする。

## 3

準備したAを加え、ゴムべらで粉けがなくなるまで混ぜる。

## 4

手でボウルに押しつけながらひとまとまりにする。

## 5

ラップで包み、めん棒で1cm厚さにのばし、冷蔵庫で30分以上寝かせる。

## 6

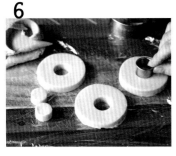

冷蔵庫から出して、生地がくっつかないように強力粉少々（分量外）をふったドーナツ型で抜く。

☑ ドーナツ型がない場合は、セルクル（直径7cmくらいのもの）やコップで抜き、中央をペットボトルのキャップなどで抜いても。

## 7

余った生地はひとまとめにしてめん棒で1cm厚さにのばし、再度型抜きをする。

☑ 合計6〜7個のドーナツが取れます。さらに余った生地は、ボール状に小さく丸めて9〜10でいっしょに揚げます。

## 8

ドーナツの円の中心にセルクル（またはつまようじ）で深さ5mmほどのしっかりとした切り込みを1周入れる。

## 9

大きめのフライパン（または鍋）に揚げ油を入れて180℃に熱し、8の切り込みを入れた面を上にして2個くらいずつ入れ、揚げる。

☑ 油の温度がしっかり上がってから生地を入れること。ただし、油の温度が高くなりすぎると表面だけ焦げて中まで火が通らないので気をつけてください。

☑ 揚げ油に生地を入れてすぐは崩れやすいので、あまり触らないで。

## 10

切り込みが少し開いてきたらひっくり返し、さらに40秒〜1分ほど揚げて再度ひっくり返し、両面がきつね色になるまで揚げ、油をきる。

☑ 9〜10で3〜4分ほどが揚げ時間の目安。小さく丸めた生地は2分ほど揚げます。

## 11

網にのせて冷ます。

☑ 好みのナッツなどをトッピングしたり、シナモンシュガー（p.14参照）をコーティングしてもおいしいです。

# チョコドーナツ

**\*材料\*** 直径約7cmのドーナツ6〜7個分

バター .......... 35g
きび砂糖 .......... 70g
卵 .......... 1個
A ┃ 強力粉 .......... 90g
　┃ 薄力粉 .......... 90g
　┃ 純ココアパウダー .......... 20g
　┃ ベーキングパウダー .......... 4g
揚げ油 .......... 適量
☑油は新しいものを使う。
〈仕上げ〉
溶かし抹茶チョコ（p.15参照）
　.......... 適量


**\*下準備\***

・バターと卵は常温に戻し、
　卵は溶きほぐす。
・Aは合わせてふるう。

**\*作り方\***

**1** ボウルにバターときび砂糖を入れ、ゴムべらでよく混ぜる。溶き卵を2回に分けて加え、そのつどホイッパーでしっかりと混ぜる。

**2** 準備したAを加え、ゴムべらで粉けがなくなるまで混ぜる（**a**）。手でボウルに押しつけながらひとまとまりにする。

**3** ラップで包み、めん棒で1cm厚さにのばし（**b**）、冷蔵庫で30分以上寝かせる。

**4** 冷蔵庫から出して、生地がくっつかないように強力粉少々（分量外）をふったドーナツ型で抜く。
☑ドーナツ型がない場合は、セルクル（直径7cmくらいのもの）やコップで抜き、中央をペットボトルのキャップなどで抜いても。

**5** 余った生地はひとまとめにしてめん棒で1cm厚さにのばし、再度型抜きをする。
☑合計6〜7個のドーナツが取れます。さらに余った生地は、ボール状に小さく丸めて7〜8でいっしょに揚げます。

**6** ドーナツの円の中心にセルクル（またはつまようじ）で深さ5mmほどのしっかりとした切り込みを1周入れる（**c**）。

**7** 大きめのフライパン（または鍋）に揚げ油を入れて180℃に熱し、6の切り込みを入れた面を上にして2個くらいずつ入れ、揚げる。
☑油の温度がしっかり上がってから生地を入れること。ただし、油の温度が高くなりすぎると表面だけ焦げて中まで火が通らないので気をつけてください。
☑揚げ油に生地を入れてすぐは崩れやすいので、あまり触らないで。

**8** 切り込みが開いてきたらひっくり返し、さらに40秒〜1分ほど揚げて再度ひっくり返し、両面がきつね色になるまで揚げ、油をきる。
☑7〜8で3〜4分ほどが揚げ時間の目安。小さく丸めた生地は2分ほど揚げます。

**9** 網にのせて冷まし、溶かし抹茶チョコに半分浸して、チョコがかたまるまで網におく。
☑好みのナッツなどをトッピングしても。

a 　b 　c

# 抹茶ドーナツ

## ＊材料＊直径約7cmのドーナツ 6〜7個分

バター ......... 35g
きび砂糖 ......... 70g
卵 ......... 1個
バニラオイル ......... 数滴
A | 強力粉 ......... 110g
　| 薄力粉 ......... 85g
　| 抹茶 ......... 7g
　| ベーキングパウダー ......... 4g
揚げ油 ......... 適量
☑油は新しいものを使う。
〈仕上げ〉
溶かしホワイトチョコ（p.15参照）
　　　......... 適量

## ＊下準備＊

・バターと卵は常温に戻し、
　卵は溶きほぐす。
・Aは合わせてふるう。

## ＊作り方＊

**1** ボウルにバターときび砂糖を入れ、ゴムべらでよく混ぜる。溶き卵を2回に分けて加え、そのつどホイッパーでしっかりと混ぜ、バニラオイルを加えてひと混ぜする。

**2** 準備したAを加え（a）、ゴムべらで粉けがなくなるまで混ぜる。手でボウルに押しつけながらひとまとまりにする（b）。

**3** ラップで包み、めん棒で1cm厚さにのばし、冷蔵庫で30分以上寝かせる。

**4** 冷蔵庫から出して、生地がくっつかないように強力粉少々（分量外）をふったドーナツ型で抜く。
　☑ドーナツ型がない場合は、セルクル（直径7cmくらいのもの）やコップで抜き、中央をペットボトルのキャップなどで抜いても。

**5** 余った生地はひとまとめにしてめん棒で1cm厚さにのばし、再度型抜きをする。
　☑合計6〜7個のドーナツが取れます。さらに余った生地は、ボール状に小さく丸めて7〜8でいっしょに揚げます。

**6** ドーナツの円の中心にセルクル（またはつまようじ）で深さ5mmほどのしっかりとした切り込みを1周入れる。

**7** 大きめのフライパン（または鍋）に揚げ油を入れて180℃に熱し、6の切り込みを入れた面を上にして2個くらいずつ入れ、揚げる。
　☑油の温度がしっかり上がってから生地を入れること。ただし、油の温度が高くなりすぎると表面だけ焦げて中まで火が通らないので気をつけてください。
　☑揚げ油に生地を入れてすぐは崩れやすいので、あまり触らないで。

**8** 切り込みが開いてきたらひっくり返し、さらに40秒〜1分ほど揚げて再度ひっくり返し、両面がきつね色になるまで揚げ、油をきる。
　☑7〜8で3〜4分ほどが揚げ時間の目安。小さく丸めた生地は2分ほど揚げます。

**9** 網にのせて冷まし、溶かしホワイトチョコに半分浸して、チョコがかたまるまで網におく。
　☑好みのナッツなどをトッピングしても。

a 　b

13

## Column

# コーティングの
# バリエーション

そのまま食べてもおいしいドーナツやカヌレに、
チョコをかけたりシュガーをまぶして、
濃厚リッチにするのがおなつスタイル。
#どっちも最高　#うまぁ

### Lineup

| | | | | |
|---|---|---|---|---|
| ◆ シナモンシュガー | p.9で使用 | ◆ 溶かしほうじ茶チョコ | p.23で使用 |
| ◆ 溶かしチョコ | p.21で使用 | ◆ 粉糖 | p.34、71で使用 |
| ◆ 溶かしホワイトチョコ | p.13で使用 | ◆ 純ココアパウダー | p.34、74で使用 |
| ◆ 溶かし抹茶チョコ | p.12、22で使用 | | |

### ◆ シナモンンシュガー

＊材料＊ 作りやすい分量

きび砂糖 ......... 30g
シナモンパウダー .......... 2g

＊作り方＊

ボウルにすべての材料を入れて
混ぜ合わせる。

☘冷蔵庫で約1カ月保存可能。

## ◆ 溶かしチョコ／溶かしホワイトチョコ

**＊材料＊** 作りやすい分量

チョコレート、または
　ホワイトチョコレート ......... 100g
☑板チョコレートは細かく刻む。

### 電子レンジでも作れる！

**＊材料＊** 作りやすい分量

チョコレート、または
　ホワイトチョコレート
　　　　　 ......... 100g
☑板チョコレートは細かく刻む。

**＊作り方＊**

1 耐熱ボウルにチョコレート、またはホワイトチョコレートを入れ、電子レンジ（600W）で1分温める。

2 様子を見ながら10秒ずつ追加で加熱し、チョコレートが半分くらい溶けたら一度取り出し、ゴムべらでよく混ぜる。チョコの粒が残っているようなら、さらに追加で10秒ずつ温めて溶かす。
☑温めすぎると焦げることがあるので、10秒ずつ様子を見ながら加熱してください。

**＊作り方＊**

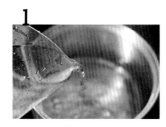

**1** 直径18cmの鍋の半分くらいの高さまで水を入れ、その半量を計量カップなどに戻して取っておく。鍋を中火にかけ、沸騰直前で火を止め、取っておいた水を鍋に戻し入れる。

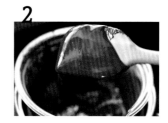

**2** 直径18cmの耐熱ボウルにチョコレート、またはホワイトチョコレートを入れ、1の鍋に重ねてゴムべらで混ぜて溶かす。
☑冷蔵庫で約1週間保存可能。使うときは湯煎、または電子レンジにかけて溶かします。

## ◆ 溶かし抹茶チョコ／溶かしほうじ茶チョコ

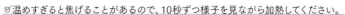

**＊材料＊** 作りやすい分量

ホワイトチョコレート ......... 100g
抹茶粉末、または
　ほうじ茶粉末 ......... 3g
☑板チョコレートは細かく刻む。

**＊作り方＊**

**1** 上記の「溶かしチョコ／溶かしホワイトチョコ」の作り方1〜2と同様にしてホワイトチョコレートを溶かす。

**2** 温かいうちに抹茶パウダー、またはほうじ茶パウダーを加え、ホイッパーでよく混ぜる。
☑冷蔵庫で約1週間保存可能。使うときは湯煎、または電子レンジにかけて溶かします。

プレーンカヌレ

作り方は p.18へ

16

カヌレが大好きです。
プレーンはもちろん、チョコ・抹茶・ほうじ茶の
3つのフレーバーに、たっぷりのホイップクリームを
詰め込んだ生カヌレまで、とことん研究した
とっておきのレシピでご賞味あれ！

同僚が「おいしいから！」と買ってきてくれた、
職場近くの小さなケーキ屋さんの、幻のカヌレに感動！

焼きたてはカリカリ、中はもっちりとして、
冷凍したカヌレを半解凍して食べてみても、
外はザクザクで、中はとろりと濃厚。
どうやって食べても絶対においしい、
魔法のカヌレに出合ってしまいました。

すっかり魅了され、手ごろな値段のカヌレ型をいろいろ購入して
何度も焼いてみたのですが、自分の技術不足もあって
熱通りが悪くて焼き色がうまくつかなかったり、
底が焼ける前に上だけ焼き上がってしまったり、
思うような仕上がりにはなりませんでした。

そんな悩ましい日々の中、お店で魔法のカヌレを眺めていて、
「本当にきれいなカヌレですね。高さもあって」とつぶやいたら、
「馬嶋屋のあかがね塗の型で焼いているんだよ」と教えてくれました。

しかーし！！！　その「あかがね塗 カヌレ型」は大人気でずーっと欠品。
半年待ち続けて、やっと手に入れたあかがねの型で焼いたカヌレは、
「外パリッ、中モチッが家でも作れた〜！」と感激するおいしさ。
まだまだカヌレへの探究心は尽きません！！

17

＊材料＊ 直径5.5×6cmのカヌレ型6個分

〈牛乳液〉

牛乳 ......... 270g

バニラペースト ......... 5g

きび砂糖 ......... 100g

バター ......... 15g

〈カヌレ液〉

A ┃ 強力粉 ......... 35g
  ┃ 薄力粉 ......... 25g

B ┃ 卵黄 ......... 1個分
  ┃ 溶き卵 ......... 20g

ラム酒 ......... 10g

# プレーンカヌレ

生地を寝かせることと、焼成温度の調整など、
いくつかのポイントを押さえれば、
お店で買うようなカヌレがおうちでも焼けます。

＊下準備＊

・ボウルにAを合わせて、ホイッパーで
　混ぜる。

・Bは常温に戻し、合わせて溶きほぐす。

・型にバター適量（分量外）をごく薄く塗る。

・オーブンに天板を入れ、
　230℃に予熱する。

＊作り方＊

## 1

牛乳液を作る。鍋に牛乳を入れて
強火にかけ、沸騰直前まで温める。

## 2

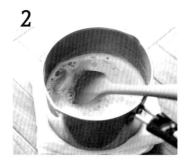

火から下ろしてぬれぶきんの上に
鍋をおく。バニラペースト、きび砂
糖、バターを加え、ゴムべらでしっ
かりと混ぜて溶かす。

## 3

水を入れたボウルに鍋底をつけ、
40〜50℃まで冷ます。

☞温度の下げすぎに注意。

**4**

カヌレ液を作る。準備したAに3の半量を流し入れ、ホイッパーでしっかりと混ぜ、残りの3も加えてよく混ぜる。

☑泡立てないように、ホイッパーをグルグルと回して混ぜます。

**5**

準備したBとラム酒を加え、泡立てないように混ぜ、メジャーカップなどに茶こし（またはストレーナー）でこす。

**6**

5を再びボウルに移し、カヌレ液の表面にぴったりとラップを密着させて、冷蔵庫で1日以上寝かせる。

☑このまま3日間までは寝かせてもOK。

**7**

冷蔵庫から取り出し、生地が冷たさを感じない程度まで常温におく。ゴムべらでしっかりと混ぜてメジャーカップに入れ替え、型の7〜8分目まで均等に流し入れる。

☑常温に戻すさい発酵器を使う場合は、30℃で約1時間が目安。

☑小麦粉がかたまって沈殿しているので、型に流し入れる前によく混ぜます。

**8**

230℃のオーブンで20分、温度を200℃に下げてさらに45〜50分焼く。

**9**

オーブンから型ごと取り出し、すぐに逆さにして型からはずし、網にのせて冷ます。

# フレーバードカヌレ

カリッむちっなカヌレ生地をアレンジ。
濃厚リッチなチョコ生地は、めちゃうま。
香りのよい抹茶とほうじ茶カヌレにも、
牛乳液にホワイトチョコを使っています。

ほうじ茶カヌレ
作り方は p.23へ

抹茶カヌレ
作り方は p.22へ

チョコカヌレ
作り方は p.21へ

20

# チョコカヌレ

## ＊材料＊ 直径5.5×6cmのカヌレ型6個分

〈牛乳液〉

牛乳 ......... 250g

チョコレート（スイート）......... 50g

☑板チョコレートは細かく刻む。

きび砂糖 ......... 80g

バター ......... 10g

〈カヌレ液〉

A ┃ 強力粉 ......... 20g
　 ┃ 薄力粉 ......... 25g
　 ┃ 純ココアパウダー ......... 10g

B ┃ 卵黄 ......... 1個分
　 ┃ 溶き卵 ......... 20g

ラム酒 ......... 10g

〈仕上げ〉

溶かしチョコ（p.15参照）
　　　......... 適量

フランボワーズクランチ
　　　......... 適量

## ＊下準備＊

・ボウルにAを合わせて、ホイッパーで混ぜる。

・Bは常温に戻し、合わせて溶きほぐす。

・型にバター適量（分量外）をごく薄く塗る。

・オーブンに天板を入れ、230℃に予熱する。

## ＊作り方＊

**1** 牛乳液を作る。鍋に牛乳を入れて強火にかけ、沸騰直前まで温める。火から下ろしてぬれぶきんの上に鍋をおき、チョコレート、きび砂糖、バターを加え、ゴムべらでしっかりと混ぜて溶かす。

**2** 水を入れたボウルに鍋底をつけ、40〜50℃まで冷ます。
　☑温度の下げすぎに注意。

**3** p.19の作り方4〜7と同様にする。

**4** 230℃のオーブンで20分、温度を200℃に下げてさらに30〜35分焼く。

**5** オーブンから型ごと取り出し、すぐに逆さにして型からはずし、網にのせて冷ます。

**6** 溶かしチョコに5の上半分を浸して網にのせ、フランボワーズクランチをのせてチョコがかたまるまでおく。

# 抹茶カヌレ

＊材料＊　直径5.5×6cmのカヌレ型6個分

〈牛乳液〉
牛乳 ......... 250g
ホワイトチョコレート ......... 50g
☑板チョコレートは細かく刻む。
きび砂糖 ......... 80g
バター ......... 10g
〈カヌレ液〉
A｜強力粉 ......... 20g
　｜薄力粉 ......... 25g
　｜抹茶パウダー ......... 10g
B｜卵黄 ......... 1個分
　｜溶き卵 ......... 20g
ラム酒 ......... 10g
〈仕上げ〉
溶かし抹茶チョコ（p.15参照）
　......... 適量
甘納豆（大納言）......... 適量

＊下準備＊

・ボウルにAを合わせて、ホイッパーで混ぜる。

・Bは常温に戻し、合わせて溶きほぐす。

・型にバター適量（分量外）をごく薄く塗る。

・オーブンに天板を入れ、230℃に予熱する。

＊作り方＊

1　牛乳液を作る。鍋に牛乳を入れて強火にかけ、沸騰直前まで温める。火から下ろしてぬれぶきんの上に鍋をおき、ホワイトチョコレート、きび砂糖、バターを加え、ゴムべらでしっかりと混ぜて溶かす。

2　水を入れたボウルに鍋底をつけ、40～50℃まで冷ます。
　☑温度の下げすぎに注意。

3　p.19の作り方4～7と同様にする。

4　230℃のオーブンで20分、温度を200℃に下げてさらに40分焼く。

5　オーブンから型ごと取り出し、すぐに逆さにして型からはずし、網にのせて冷ます。

6　溶かし抹茶チョコに5の上半分を浸して網にのせ、甘納豆をのせてチョコがかたまるまでおく。

# ほうじ茶カヌレ

**＊材料＊** 直径5.5×6cmのカヌレ型6個分

〈牛乳液〉

牛乳 .......... 250g

ホワイトチョコレート .......... 50g

☑板チョコレートは細かく刻む。

きび砂糖 .......... 80g

バター .......... 10g

〈カヌレ液〉

A 強力粉 .......... 20g
薄力粉 .......... 25g
ほうじ茶パウダー .......... 10g

B 卵黄 .......... 1個分
溶き卵 .......... 20g

ラム酒 .......... 10g

〈仕上げ〉

溶かしほうじ茶チョコ（p.15参照）
.......... 適量

アーモンド（クラッシュ）.......... 適量

**＊下準備＊**

・ボウルにAを合わせて、ホイッパーで混ぜる。

・Bは常温に戻し、合わせて溶きほぐす。

・型にバター適量（分量外）をごく薄く塗る。

・オーブンに天板を入れ、230℃に予熱する。

**＊作り方＊**

1 牛乳液を作る。鍋に牛乳を入れて強火にかけ、沸騰直前まで温める。火から下ろしてぬれぶきんの上に鍋をおき、ホワイトチョコレート、きび砂糖、バターを加え、ゴムべらでしっかりと混ぜて溶かす。

2 水を入れたボウルに鍋底をつけ、40～50℃まで冷ます。
☑温度の下げすぎに注意。

3 p.19の作り方4～7と同様にする。

4 230℃のオーブンで20分、温度を200℃に下げてさらに40分焼く。

5 オーブンから型ごと取り出し、すぐに逆さにして型からはずし、網にのせて冷ます。

6 溶かしほうじ茶チョコに5の上半分を浸して網にのせ、アーモンドをのせてチョコがかたまるまでおく。

# 生カヌレ

個人的に、カヌレに合わせるホイップクリームは
少しかためが合うと思っています。
チョコカヌレ×チョコクリームや、
抹茶カヌレ×抹茶クリームなどのアレンジも
濃厚リッチで、うまっ。

## ＊材料＊ カヌレ6個分

〈ホイップクリーム〉
生クリーム ......... 100g
グラニュー糖 ......... 15g
☞左写真はホイップクリームのほか、
プレーンカヌレにチョコクリームと
抹茶クリーム（ともにp.33参照）を
注入した3色バージョン。
各ホイップクリームの分量は
カヌレ6個に対して、p.33記載の分量の
各半量を用意する。
☞フレーバードカヌレ（p.20参照）に、
好みのホイップクリームを合わせてもOK。

プレーンカヌレ（p.18参照）
......... 6個
☞焼きたてではなく、時間がたって
少しやわらかくなったカヌレを用意する。

## ＊作り方＊

**1** ホイップクリームを作る。ボウルに生クリームとグラニュー糖
を入れ、ホイッパーで9分立てにする。
☞暑い季節は、ボウルの底を氷水に当てます。

**2** 星口金（10mm）をつけた絞り袋に入れ（**a**）、スケッパーなど
でクリームを口金のほうに寄せる（**b**）。

**3** プレーンカヌレの上部に、スプーンの柄などで深さ4〜5cmの
穴をあける（**c**）。
☞底まで突き抜けないよう気をつけて穴をあけます。

**4** 3の穴から2のクリームをカヌレの中に注入する（**d**）。
☞あふれないよう様子を見ながら、ゆっくりと入れてください。

**5** 仕上げにソフトクリームのように渦巻き状に絞る（**e**）。
☞カヌレは動かさずに、絞り袋を持った腕全体を動かすようにして絞る
と、きれいにできます。

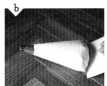

25

# ロールケーキ

たっぷりの生クリームを巻き巻きしたプレーンロールケーキ。
#うまー
チョコ生地×チョコクリームのチョコロールケーキと、
抹茶生地×抹茶クリームの抹茶ロールケーキは
上にもクリームを絞ってみました。
#うっっっっっま

### プレーンロールケーキ
作り方は p.28へ >

### チョコロールケーキ
作り方は p.30へ >

### 抹茶ロールケーキ
作り方は p.31へ >

左ページのプレーンロールケーキの上に、
p.32の「ホイップクリーム」を花口金（10mm）で
斜めに円を描くように絞りました。
ダブルクリーム使いがリッチです。

27

# プレーンロールケーキ

28

## ＊材料＊ 27cm角ロールケーキ天板1台分

〈ホイップクリーム〉
生クリーム .......... 150g
グラニュー糖 .......... 20g
〈ロール生地〉
卵黄 .......... 4個分
☞卵4個を用意し、下準備のとおりに
卵黄と卵白に分ける。
グラニュー糖 .......... 20g
こめ油 .......... 25g
牛乳 .......... 25g
薄力粉 .......... 55g
〈メレンゲ〉
卵白 .......... 4個分
グラニュー糖 .......... 40g

## ＊下準備＊

・卵は卵黄と卵白に分け、使うまで冷蔵庫で冷やす。
・薄力粉はふるう。
・天板にオーブンシートを敷く。
・オーブンは190℃に予熱する。

## ＊作り方＊

**1**

ホイップクリームを作る。ボウルに生クリームとグラニュー糖を入れ、ハンドミキサーの中速で8〜9分立てにして、ラップをかけて冷蔵庫で冷やす。

**2**

ロール生地を作る。ボウルに準備した卵黄を入れ、グラニュー糖を加えてホイッパーで白っぽくもったりするまで混ぜる。こめ油を加えてしっかりと混ぜ合わせる。

**3**

牛乳を加えてさらに混ぜ、準備した薄力粉を加え、しっかりと混ぜ合わせる。

**4**

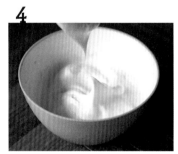

メレンゲを作る。ボウルに準備した卵白を入れ、グラニュー糖を3回に分けて加え、そのつどハンドミキサーの中速で、なめらかな角がつんと立つまで攪拌する。

**5**

3に4を3回に分けて加える。1、2回目はホイッパーでしっかりと混ぜ合わせ、3回目はゴムべらで、メレンゲをつぶさないようにふんわりと混ぜる。

**6**

天板に5を流し込み、四隅まで生地をいきわたらせる。15cmほどの高さから落として空気を抜く。

**7**

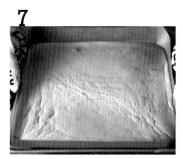

190℃のオーブンで10〜11分焼く。天板ごと取り出して、熱いうちに、天板ごと15cmほどの高さから落とし、焼き縮みを防ぐ。

**8**

オーブンシートごと天板からはずして台にのせ、表面にラップをぴったりと張り、生地を冷ます。

**9**

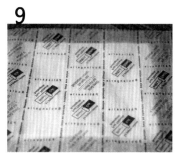

ひっくり返して裏側のオーブンシートをはがし、新しいオーブンシートをのせる。

**10**

オーブンシートごと再度ひっくり返し、焼き色がついている面を上にする。ラップをはがして端から1cmのところを斜めに切り落とす。

**11**

切り落としたほうが奥になるようにおき、冷蔵庫から取り出した1を手前側が少し多めになるよう、奥側を1cmあけて塗り広げる。

**12**

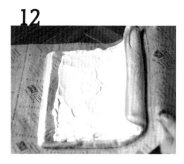

巻き始めに芯を作り、下に敷いたオーブンシートを持ち上げながら、手前から奥に向かって生地を巻く。

**13**

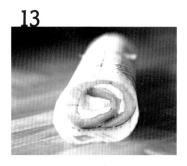

オーブンシートで巻き込むようにしっかりと包んで形を整える。乾燥しないよう、側面のシートも内側に折り込んで巻き終わりを下にし、冷蔵庫で2時間以上冷やす。

**14**

冷蔵庫から取り出してオーブンシートをはがし、好みの厚さに切る。

☞温めたナイフで切ると、断面がきれいに切れます。2〜3cm幅にカットするのがおすすめ。

# チョコロールケーキ

\* 材料 \*　27cm角ロールケーキ天板1台分

〈ロール生地〉

卵黄 ......... 4個分

☑卵4個を用意し、下準備のとおりに
卵黄と卵白に分ける。

グラニュー糖 ......... 20g

こめ油 ......... 25g

牛乳 ......... 25g

A｜薄力粉 ......... 45g
　｜純ココアパウダー ......... 10g

〈メレンゲ〉

卵白 ......... 4個分

グラニュー糖 ......... 40g

チョコクリーム（p.33参照）の材料
　　　　 ......... 各半量

〈仕上げ〉

チョコクリーム（p.33参照）の材料
　　　　 ......... 各半量

\* 下準備 \*

・卵は卵黄と卵白に分け、
　使うまで冷蔵庫で冷やす。

・Aは合わせてふるう。

・天板にオーブンシートを敷く。

・オーブンは190℃に予熱する。

\* 作り方 \*

**1** ロール生地を作る。ボウルに準備した卵黄を入れ、グラニュー糖を加えてホイッパーで白っぽくもったりするまで混ぜる。こめ油を加えてしっかりと混ぜ、牛乳を加えてさらに混ぜる。準備したAを加え、しっかりと混ぜ合わせる。

**2** メレンゲを作る。p.28の作り方4と同様にする。

**3** 1に2を3回に分けて加える。1、2回目はホイッパーでしっかりと混ぜ合わせ、3回目はゴムべらで、メレンゲをつぶさないようにふんわりと混ぜる。

**4** 天板に3を流し込み、四隅まで生地をいきわたらせる。15cmほどの高さから落として空気を抜く。

**5** p.29の作り方7〜8と同様にする。

**6** チョコクリームを作る。p.33の作り方1〜4と同様にして作り、冷蔵庫で冷やす。

**7** 5の生地が冷めたら、p.29の作り方9〜10と同様にする。

**8** 切り落としたほうが奥になるようにおき、冷蔵庫から取り出した6を手前側が少し多めになるよう、奥側を1cmあけて塗り広げる。

**9** p.29の作り方12〜13と同様にする。

**10** 9を冷蔵庫から取り出す直前に仕上げのチョコクリームを作る。p.33の作り方1〜4と同様にして作り、星口金（10mm）をつけた絞り袋に入れる。
☑チョコクリームは冷やすとかたくなるので、仕上げ用は飾りつける直前に作ります。

**11** 冷蔵庫から9を取り出してオーブンシートをはがし、10をロールケーキの上に斜めに円を描くように絞り、好みの厚さに切る。
☑温めたナイフで切ると、断面がきれいに切れます。2〜3cm幅にカットするのがおすすめ。

# 抹茶ロールケーキ

＊材料＊ 27cm角ロールケーキ天板1台分

〈ロール生地〉

卵黄 ......... 4個分

☑卵4個を用意し、下準備のとおりに卵黄と卵白に分ける。

グラニュー糖 ......... 20g

こめ油 ......... 25g

牛乳 ......... 25g

A ▎薄力粉 ......... 50g
　▎抹茶パウダー ......... 8g

〈メレンゲ〉

卵白 ......... 4個分

グラニュー糖 ......... 40g

抹茶クリーム（p.33参照）......... 全量

＊下準備＊

・抹茶クリームは冷蔵庫で冷やす。

・卵は卵黄と卵白に分け、使うまで冷蔵庫で冷やす。

・Aは合わせてふるう。

・天板にオーブンシートを敷く。

・オーブンは190℃に予熱する。

＊作り方＊

**1** ロール生地を作る。ボウルに準備した卵黄を入れ、グラニュー糖を加えてホイッパーで白っぽくもったりするまで混ぜる。こめ油を加えてしっかりと混ぜ、牛乳を加えてさらに混ぜる。準備したAを加え、しっかりと混ぜ合わせる。

**2** メレンゲを作る。p.28の作り方4と同様にする。

**3** 1に2を3回に分けて加える。1、2回目はホイッパーでしっかりと混ぜ合わせ、3回目はゴムべらで、メレンゲをつぶさないようにふんわりと混ぜる。

**4** 天板に3を流し込み、四隅まで生地をいきわたらせる。15cmほどの高さから落として空気を抜く。

**5** p.29の作り方7〜10と同様にする。

**6** 切り落としたほうが奥になるようにおき、冷蔵庫から取り出した抹茶クリームの半量を手前側が少し多めになるよう、奥側を1cmあけて塗り広げる。残りの抹茶クリームは丸口金（10mm）をつけた絞り袋に入れ、冷蔵庫に戻す。

**7** 6のクリームを塗った生地は、p.29の作り方12〜13と同様にする。

**8** 冷蔵庫から6のクリームと7を取り出し、7のオーブンシートをはがしてクリームをロールケーキの上に斜めに円を描くように絞り、好みの厚さに切る。

☑温めたナイフで切ると、断面がきれいに切れます。2〜3cm幅にカットするのがおすすめ。

Column

# ホイップクリームの
# バリエーション

ロールケーキや生カヌレなど濃厚スイーツに欠かせない、
基本のホイップクリームの作り方と
チョコ＆抹茶のバリエーションを紹介します。
たっぷりのクリームでみっちみちにすると、うまうまです。

## ◆ ホイップクリーム

p.24、27、35で使用

**＊材料＊** 作りやすい分量

生クリーム .......... 200g
グラニュー糖 .......... 30g

**＊下準備＊**

・大きめのボウルに水と氷を入れる。

**＊作り方＊**

### 1

ボウルに生クリームとグラニュー糖を入れ、準備した氷水の入ったボウルに底面をつけながらハンドミキサーの中速で泡立てる。

### 2

持ち上げても落ちないくらいのかたさ（9分立て）に撹拌する。
☞泡立てすぎるとボソボソのクリームになってしまうので、かたまってきたら様子を見ながら撹拌します。

### 3

ゴムべらに持ち替えて、上下を返すように2〜3回混ぜ、キメを整える。

## ◆チョコクリーム

p.24、30で使用

**＊材料＊** 作りやすい分量

A ┃ チョコレート .......... 35g
┃ ☑セミスイートまたは
┃ ダークを使用。
┃ ☑板チョコレートは細かく刻む。
┃ 生クリーム .......... 40g
純ココアパウダー .......... 10g
生クリーム .......... 160g
グラニュー糖 .......... 20g

**＊下準備＊**

・大きめのボウルに
　水と氷を入れる。

**＊作り方＊**

**1** 耐熱容器にAを入れ、電子レンジ（600W）で30秒加熱してホイッパーで混ぜるをくり返し、様子を見ながらチョコレートを溶かす（**a**）。

**2** 純ココアパウダーを加え、ホイッパーでよく混ぜる。

**3** ボウルに生クリームとグラニュー糖、2を入れ、準備した氷水の入ったボウルに底をつけながら（**b**）ホイッパーで泡立てる。

**4** 持ち上げても落ちないくらいのかたさ（9分立て）まで混ぜる（**c**）。
☑チョコクリームは泡立つのが早いので、注意しながら混ぜてください。

## ◆抹茶クリーム

p.24、31で使用

**＊材料＊** 作りやすい分量

A ┃ 抹茶パウダー .......... 8g
┃ 生クリーム .......... 40g
生クリーム .......... 160g
グラニュー糖 .......... 40g

**＊下準備＊**

・大きめのボウルに
　水と氷を入れる。

**＊作り方＊**

**1** ボウルにAを入れ、ホイッパーで混ぜてペースト状にする（**a**）。
☑ここでダマが残るとなめらかなクリームにならないので、しっかり混ぜて抹茶を溶かします。

**2** 別のボウルに生クリームとグラニュー糖、1を入れ、準備した氷水の入ったボウルに底をつけながら（**b**）、ハンドミキサーの中速で泡立てる。

**3** 持ち上げても落ちないくらいのかたさ（9分立て）に攪拌する（**c**）。
☑泡立てすぎるとボソボソのクリームになってしまうので、かたまってきたら様子を見ながら攪拌します。

# みっちみち
# チョコケーキ

材料をどんどん混ぜていくだけの簡単チョコケーキ。
メレンゲを加えないので、
ガトーショコラよりもリッチな味わい。
めちゃめちゃ濃厚なケーキです。

**＊材料＊** 直径15cmの底取れ丸型1台分

〈ケーキ生地〉

チョコレート（セミスイート）......... 150g

☑板チョコレートは細かく刻む。

バター ......... 50g

卵 ......... 3個

きび砂糖 ......... 85g

塩 ......... ひとつまみ

A｜薄力粉 ......... 25g

　｜純ココアパウダー ......... 20g

　｜ベーキングパウダー ......... 1g

〈仕上げ〉

粉糖 ......... 適量

ホイップクリーム（p.32参照）......... 適量

純ココアパウダー ......... 適量

**＊下準備＊**

・卵は常温に戻す。

・Aは合わせてふるう。

・型にオーブンシートを敷く。

・オーブンに天板を入れ、170℃に予熱する。

**＊作り方＊**

1 ケーキ生地を作る。耐熱容器にチョコレートとバターを入れ、湯煎にかけて溶かし、人肌程度に冷ます。

　☑かたまらないように注意。かたまってしまったら、再度湯煎するか、電子レンジで10秒ずつ様子を見ながら加熱して溶かします。

2 別のボウルに卵を割り入れてきび砂糖を加え、ホイッパーでよく混ぜる。

3 2に1を少しずつ加えながら、ホイッパーで混ぜ、塩を加える。

4 準備したAを加え、つやが出るまでしっかりとホイッパーで混ぜ合わせ、型に流し入れる。

5 170℃のオーブンで30分ほど焼き、オーブンから型ごと取り出して網にのせ、粗熱をとる。型ごとラップをかけて冷蔵庫で半日ほど寝かせる。

　☑焼き上がりはまわりはかたまっていますが、中心はふるふるとした状態です。

6 冷蔵庫から取り出してラップと型をはずし、オーブンシートをはがす。上から粉糖をふり、好みの大きさに切って器に盛る。食べるときにホイップクリームをのせ、純ココアパウダーをふる。

　☑冷蔵庫から出してすぐの冷え冷えみっちりもおいしいですが、電子レンジで10〜15秒ほど温めると、とろふわになります。

# みっちみち
# 抹茶ケーキ

みちみち濃厚だけど、抹茶のほろ苦さと
クリームチーズフィリングで意外にさっぱりと食べられます。
#危険なやつ
フロスティングは、砂糖控えめのホイップクリームもおすすめ。

## *材料* 直径15cmの底取れ丸型1台分

〈ケーキ生地〉

ホワイトチョコレート ......... 150g

☑板チョコレートは細かく刻む。

バター ......... 50g

卵 ......... 3個

きび砂糖 ......... 65g

A｜薄力粉 ......... 60g
　｜抹茶パウダー ......... 15g
　｜ベーキングパウダー ......... 1g

〈フロスティング〉

クリームチーズ ......... 80g

粉糖 ......... 15g

バニラオイル ......... 数滴

## *下準備*

・卵は常温に戻す。

・Aは合わせてふるう。

・クリームチーズは常温に戻す。

・型にオーブンシートを敷く。

・オーブンに天板を入れ、170℃に予熱する。

## *作り方*

**1** ケーキ生地を作る。耐熱容器にホワイトチョコレートとバターを入れ、湯煎にかけて溶かし、人肌程度に冷ます。
☑かたまらないように注意。かたまってしまったら、再度湯煎するか、電子レンジで10秒ずつ様子を見ながら加熱して溶かします。

**2** 別のボウルに卵を割り入れてきび砂糖を加え、ホイッパーでよく混ぜる。

**3** 2に1を少しずつ加えながら、ホイッパーで混ぜ合わせる。

**4** 準備したAを加え、つやが出るまでしっかりとホイッパーで混ぜ合わせ、型に流し入れる。

**5** 170℃のオーブンで28分ほど焼き、オーブンから型ごと取り出して網にのせ、粗熱をとる。型ごとラップをかけて冷蔵庫で半日ほど寝かせる。
☑焼き上がりはまわりはかたまっていますが、中心はふるふるとした状態です。

**6** フロスティングを作る。ボウルにクリームチーズを入れ、粉糖とバニラオイルを加えてゴムべらでよく混ぜる。

**7** 5を冷蔵庫から取り出してラップと型をはずし、オーブンシートをはがす。上に6を塗り広げ、好みの大きさに切って器に盛る。

# ピスタチオとチェリーの
# みっちみちケーキ

ピスタチオペーストをたっぷり配合した生地に
チェリーのコンポートをたらーりして焼き上げた、
みっちみち濃厚なチェリーケーキです。
ピスタチオとベリー系は鉄板だね。

## ＊材料＊　直径15cmの底取れ丸型1台分

〈チェリーのコンポート〉
冷凍チェリー（種なし）......... 125g
☑チェリー缶（種なし）を使う場合は
缶汁はきる。
グラニュー糖 ......... 40g
レモン汁 ......... 10g
〈ケーキ生地〉
ホワイトチョコレート ......... 100g
☑板チョコレートは細かく刻む。
バター ......... 50g
ピスタチオペースト ......... 70g
卵 ......... 3個
きび砂糖 ......... 80g
A ▏ 薄力粉 ......... 60g
　　ベーキングパウダー ......... 1g

## ＊下準備＊

・卵は常温に戻す。
・ピスタチオペーストは常温に戻す。
・Aは合わせてふるう。
・型にオーブンシートを敷く。
・オーブンに天板を入れ、170℃に予熱する

## ＊作り方＊

**1** チェリーのコンポートを作る。鍋にコンポートの材料をすべて入れ、中火にかける。ゴムべらで混ぜながらとろみがつくまで煮詰め、火を止めてそのまま冷ます。

**2** ケーキ生地を作る。耐熱容器にホワイトチョコレートとバターを入れ、湯煎にかけて溶かす。ピスタチオペーストを加えてホイッパーでよく混ぜ、人肌程度に冷ます。
　☑かたまらないように注意。かたまってしまったら、再度湯煎するか、電子レンジで10秒ずつ様子を見ながら加熱して溶かします。

**3** 別のボウルに卵を割り入れてきび砂糖を加え、ホイッパーでよく混ぜる。

**4** 3に2を少しずつ加えながら、ホイッパーで混ぜ合わせる。

**5** 準備したAを加え、つやが出るまでしっかりとホイッパーで混ぜ合わせ、型に流し入れる。

**6** 1を6か所に均等にのせ、マーブル模様を作るように竹串でぐるぐると混ぜる。

**7** 170℃のオーブンで45〜50分焼き、オーブンから型ごと取り出して網にのせ、粗熱をとる。型ごとラップをかけて冷蔵庫で半日ほど寝かせる。
　☑焼き上がりはまわりはかたまっていますが、中心はふるふるとした状態です。

**8** 冷蔵庫から取り出してラップと型をはずし、オーブンシートをはがす。好みの大きさに切って器に盛る。

# 型抜きクッキー

プレーンクッキー、ハートチョコ、猫抹茶
# かわいー
生地は、フードプロセッサーで材料を混ぜていくだけ。
簡単だけどサックサクで、んまい。
#クッキー大好き

チョコクッキー
作り方は p.44へ

プレーンクッキー
作り方は p.42へ

抹茶クッキー
作り方は p.45へ

40

クッキー作りの準備をしていたら、
好奇心旺盛なコツヒロくんが登場。
邪魔しにきたときはいつも
「お手伝い」って呼んでます。笑
いつもありがとう……
でも、卵はおもちゃじゃないですよ〜！

# プレーンクッキー

＊作り方＊

## ＊材料＊ 直径5cmの丸形＋
3.5×5cmの長方形のクッキー
合わせて約20枚分

バター .......... 60g
粉糖 .......... 50g
卵黄 .......... 1個分
薄力粉 .......... 120g

## ＊下準備＊
・バターは常温に戻す。
・天板にオーブンシートを敷く。
・オーブンは160℃に予熱する。

**1**

フードプロセッサーにバターと粉糖を入れ、中速で混ぜる。

**2**

卵黄を加え、さらに混ぜる。
☑卵黄が混ざっているかを確認し、混ざっていなければ、ゴムべらで材料を中心に集めて再度しっかりと混ぜます。

**3**

薄力粉を加え、中速で混ぜ合わせる。

**4**

台にラップを広げ、3を取り出して手でひとまとまりにして上におき、ラップをかけてめん棒で1cm厚さにのばす。ラップで包み、冷蔵庫で30分～1時間寝かせる。

**5**

冷蔵庫から取り出してラップをはがし、オーブンシートで挟んで、3mm厚さのルーラーを当ててめん棒でのばす。
☑生地がやわらかくなったら、型で抜く前に再度冷蔵庫で10分ほど冷やします。

**6**

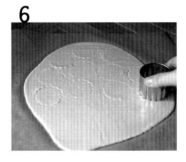

上のオーブンシートをはがして丸形と長方形の2種の型で生地を抜き、少し間隔をあけて天板に並べる。
☑好みの型で抜いてOKです。

**7**

160℃のオーブンで13～14分焼き、天板ごと取り出してすぐにクッキーを網に移し、しっかりと冷ます。

# チョコクッキー

**＊材料＊** 6×5cmのハート形のクッキー約20枚分

バター .......... 60g

粉糖 .......... 50g

卵黄 .......... 1個分

薄力粉 .......... 100g

純ココアパウダー .......... 12g

**＊下準備＊**

・バターは常温に戻す。

・天板にオーブンシートを敷く。

・オーブンは160℃に予熱する。

**＊作り方＊**

**1** フードプロセッサーにバターと粉糖を入れ、中速で混ぜる。卵黄を加え、さらに混ぜる。

♡卵黄が混ざっているかを確認し、混ざっていなければ、ゴムべらで材料を中心に集めて再度しっかりと混ぜます。

**2** 薄力粉と純ココアパウダーを加え、中速で混ぜ合わせる（**a**）。

**3** 台にラップを広げ、**2**を取り出して手でひとまとまりにして上におき、ラップをかけてめん棒で1cm厚さにのばす。ラップで包み、冷蔵庫で30分〜1時間寝かせる。

**4** 冷蔵庫から取り出してラップをはがし、オーブンシートで挟んで、3mm厚さのルーラーを当ててめん棒でのばす。

♡生地がやわらかくなったら、型で抜く前に再度冷蔵庫で10分ほど冷やします。

**5** 上のオーブンシートをはがしてハート形の型で生地を抜き（**b**）、少し間隔をあけて天板に並べる。

♡好みの型で抜いてOKです。p.57「チョコアイスサンドクッキー」では、直径6cmの丸い型で抜いたクッキーを4枚使用します。

**6** 160℃のオーブンで13〜14分焼き、天板ごと取り出してすぐにクッキーを網に移し（**c**）、しっかりと冷ます。

a

b

c

# 抹茶クッキー

\*材料\* 6×4cmのプレッツェル形＋
7×3cmの猫形のクッキー
合わせて約20枚分

バター .......... 60g

粉糖 .......... 50g

卵黄 .......... 1個分

薄力粉 .......... 112g

抹茶パウダー .......... 8g

\*下準備\*

・バターは常温に戻す。

・天板にオーブンシートを敷く。

・オーブンは160℃に予熱する。

\*作り方\*

**1** フードプロセッサーにバターと粉糖を入れ、中速で混ぜる。卵黄を加え、さらに混ぜる。
　☑卵黄が混ざっているかを確認し、混ざっていなければ、ゴムべらで材料を中心に集めて再度しっかりと混ぜます。

**2** 薄力粉と抹茶パウダーを加え（a）、中速で混ぜ合わせる。

**3** 台にラップを広げ、2を取り出して手でひとまとまりにして上におき、ラップをかけてめん棒で1cm厚さにのばす。ラップで包み、冷蔵庫で30分～1時間寝かせる。

**4** 冷蔵庫から取り出してラップをはがし、オーブンシートで挟んで、3mm厚さのルーラーを当ててめん棒でのばす。
　☑生地がやわらかくなったら、型で抜く前に再度冷蔵庫で10分ほど冷やします。

**5** 上のオーブンシートをはがしてプレッツェル形と猫形の2種の型で生地を抜き（b）、少し間隔をあけて天板に並べる。
　☑好みの型で抜いてOKです。

**6** 160℃のオーブンで13～14分焼き、天板ごと取り出してすぐクッキーを網に移し、しっかりと冷ます（c）。

a 　b 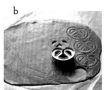　c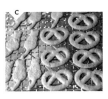

# ラムレーズンバターサンド

手作りラムレーズンを使ったバターサンドクッキー。
冷蔵庫でキンキンに冷やして食べるのが好き。
冷えたバタークリームがじわぁーっと溶けて、うまいのなんの。
#最高

**＊材料＊** 直径5cmの丸形＋3.5×5cmの
　　　　　 長方形のクッキーサンド
　　　　　 合わせて10個分

〈バタークリーム〉
ホワイトチョコレート ......... 30g
☑板チョコレートは細かく刻む。
バター ......... 60g

プレーンクッキー（p.42参照）
　　　　 ......... 全量
**ラムレーズン**（下記囲み参照）......... 適量
☑市販のものでもOK。

**＊下準備＊**
・ラムレーズンは茶こしに入れ、軽く水
　けをきる（**a**）。
・バターは常温に戻す。

**＊作り方＊**

**1** バタークリームを作る。耐熱容器にホワイトチョコレートを入
れ、湯煎にかけて溶かし、人肌程度に冷ます。
☑かたまらないように注意。かたまってしまったら、再度湯煎するか、電
子レンジで10秒ずつ様子を見ながら加熱して溶かします。

**2** 別のボウルにバターを入れ、ゴムべらで混ぜて**1**を加え、さら
によく混ぜる（**b**）。
☑チョコレートが熱いとバターが溶けてしまうので、必ず人肌程度に冷
まします。

**3** 丸口金（8mm）をつけた絞り袋に入れ（**c**）、2種類のプレーン
クッキー各半量の上に絞る。
☑バタークリームがゆるい場合は、冷蔵庫で5分ほど冷やして絞れるく
らいのかたさにします。

**4** 上に準備したラムレーズンをのせ（**d**）、残りのクッキーをの
せてサンドする。同様にして計10個作る。
☑暑い季節は、バターサンドは冷蔵庫で保管してください。

## ラムレーズン

**＊材料＊ 作りやすい分量**
レーズン150g、ラム酒適量
**＊作り方＊**
1 レーズンは熱湯でさっと洗い、水分を
　しっかりふき取り、清潔な保存瓶（ま
　たはジッパーつきポリ袋）に入れる。
2 ラム酒をひたひたに注ぎ入れ、1週間ほ
　どつける。
　☑すぐに使いたい場合は、1で耐熱容器に
　入れてラム酒をひたひたに注ぎ、ラップを
　かけて電子レンジで1分20秒加熱。しっか
　りと混ぜて表面にぴったりとラップを密着
　させ、冷まします。

# バナナチョコレートブラウニー

生地に1本、トッピングに1本。バナナリッチなブラウニーです。
#うーまーいー
溶かしチョコも、チョコチップもたっぷり入れた濃厚なやつです。

## *材料* 15cm角のスクエア型1台分

〈ブラウニー生地〉

チョコレート（セミスイート）......... 80g

☑板チョコレートは細かく刻む。

卵 ......... 2個

きび砂糖 ......... 80g

こめ油 ......... 30g

A┃薄力粉 ......... 60g
　┃純ココア ......... 20g
　┃ベーキングパウダー ......... 1g

バナナ ......... 中1本

チョコチップ ......... 60g

〈トッピング〉

バナナ ......... 中1本

## *下準備*

・卵は常温に戻す。

・Aは合わせてふるう。

・生地用のバナナは皮をむいてボウルに入れ、フォークでつぶす（a）。

・トッピング用のバナナは皮をむいて1cm幅の輪切りにする。

・型にオーブンシートを敷く（b）。

・オーブンに天板を入れ、170℃に予熱する。

## *作り方*

**1** ブラウニー生地を作る。耐熱容器にチョコレートを入れ、湯煎にかけて溶かし、人肌程度に冷ます（c）。
☑かたまらないように注意。かたまってしまったら、再度湯煎するか、電子レンジで10秒ずつ様子を見ながら加熱して溶かします。

**2** 別のボウルに卵を割り入れ、きび砂糖を加えてホイッパーで混ぜる。こめ油を加え、さらによく混ぜる。

**3** 2に1を加えてホイッパーでしっかりと混ぜ（d）、準備したAを加え、ゴムべらに持ち替えてつやが出るまでよく混ぜる。

**4** 生地用のバナナを加えて（e）よく混ぜ、チョコチップを加えてさらに混ぜ、型に流し入れる。トッピング用のバナナを上にのせる（f）。

**5** 170℃のオーブンで33〜35分焼き、オーブンから型ごと取り出して網にのせ、粗熱をとる。型からはずしてオーブンシートをはがし、ラップで包んで網の上でしっかりと冷ます。台に移して好みの大きさに切る。

# 抹茶のブラウニー

抹茶のほろ苦さがおいしいブラウニー。
ホワイトチョコ＆ホワイトチョコチップも入れて、
まったり濃厚ウマー！
#最高
カリッとくるみも、うまぁ。

**＊材料＊** 15cm角のスクエア型1台分

〈ブラウニー生地〉

ホワイトチョコレート .......... 100g

☑板チョコレートは細かく刻む。

卵 .......... 2個

きび砂糖 .......... 50g

こめ油 .......... 40g

A｜薄力粉 .......... 70g
　｜抹茶パウダー .......... 15g
　｜ベーキングパウダー .......... 1g

ホワイトチョコチップ .......... 60g

くるみ .......... 40g

〈トッピング〉

くるみ .......... 20g

**＊下準備＊**

・卵は常温に戻す。

・Aは合わせてふるう。

・生地用とトッピング用のくるみは、それぞれ160℃のオーブンで10分ローストする。

・型にオーブンシートを敷く。

・オーブンに天板を入れ、170℃に予熱する。

**＊作り方＊**

1 ブラウニー生地を作る。耐熱容器にホワイトチョコレートを入れ、湯煎にかけて溶かし、人肌程度に冷ます（a）。
☑かたまらないように注意。かたまってしまったら、再度湯煎するか、電子レンジで10秒ずつ様子を見ながら加熱して溶かします。

2 別のボウルに卵を割り入れ、きび砂糖を加えてホイッパーで混ぜる。こめ油を加え、さらによく混ぜる。

3 2に1を加えてホイッパーでしっかりと混ぜ、準備したAを加え、ゴムべらに持ち替えてつやが出るまでよく混ぜる。

4 ホワイトチョコチップと生地用のくるみを加えて（b）よく混ぜ、型に流し入れる。トッピング用のくるみを上に散らす（c）。

5 170℃のオーブンで28分ほど焼き、オーブンから型ごと取り出して網にのせ、粗熱をとる。型からはずしてオーブンシートをはがし、ラップで包んで網の上でしっかりと冷ます。台に移して好みの大きさに切る。

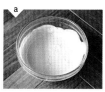

# バニラアイス

濃厚でうまっなアイスクリーム。
とても簡単なので、夏はアイスばっかり作ってまーす
(もちろん、冬でもおいしいリッチテイストですよ)。
生クリームが余ったときに、ちょっとだけ作ってみても。

## \*材料\* 容量800mℓの耐冷容器1台分

A | コーンスターチ ......... 10g
  | グラニュー糖 ......... 50g
牛乳 ......... 140g
卵黄 ......... 1個分
バニラペースト ......... 5g
B | 生クリーム ......... 150g
  | グラニュー糖 ......... 20g
バニラエッセンス ......... 5滴

## \*下準備\*

・20×15×高さ1cmのバットを
　覆うように、ラップを大きめに敷く。

## \*作り方\*

**1** ボウルにAを入れ、ホイッパーで混ぜながら牛乳を少しずつ加えてなじませる。卵黄とバニラペーストを加え(a)、さらによく混ぜる。

**2** フライパン(または鍋)に移して中火にかけ、ゴムべらで混ぜながら加熱する。へらで線を引いたときに、フライパンの底が見えるくらい(b)の濃度になったら火を止める。

**3** 熱いうちに準備したバットに流し入れ、ラップでぴったり包んで10分ほどおき(c)、バットごと冷蔵庫で30〜40分冷やす。

**4** ボウルにBを入れ、ハンドミキサーの中速で8〜9分立てに攪拌する(d)。

**5** 別のボウルに冷蔵庫から取り出した**3**を入れ、ハンドミキサーの低速でなめらかになるまでほぐす。**4**を2回に分けて加え、そのつどゴムべらでよく混ぜ合わせる(e)。バニラエッセンスを加えて、さらに混ぜる。

**6** 耐冷容器に移し(f)、ラップをかけて冷凍庫で半日ほど冷やしかためる。

**7** アイスクリームディッシャーなどですくい、コーンカップにのせる。
☑コーンカップや器など、盛りつけはお好みで。

# アイスクリーム

p.52のバニラアイスをアレンジして作る、
チョコ、抹茶、ほうじ茶、ラムレーズン味の濃厚アイス。
クッキーで挟んでアイスサンドにしたり、
ケーキに添えてもおいしいですよ。

**チョコレートアイス**
作り方は p.55へ

**ほうじ茶アイス**
作り方は p.56へ

**ラムレーズンアイス**
作り方は p.56へ

**抹茶アイス**
作り方は p.55へ

# チョコレートアイス

＊材料＊ 容量800mℓの耐冷容器1台分

A ┃ コーンスターチ ......... 10g
　 ┃ グラニュー糖 ......... 50g
純ココアパウダー ......... 10g
牛乳 ......... 140g
チョコレート（スイート）......... 50g
☑ 板チョコレートは細かく刻む。
☑ ミルクチョコレートを使う場合は、
グラニュー糖を30gに減らす。

B ┃ 生クリーム ......... 150g
　 ┃ グラニュー糖 ......... 20g

＊下準備＊

・20×15×高さ1cmのバットを覆うように、ラップを大きめに敷く。

＊作り方＊

1 ボウルにAと純ココアパウダーを入れ、ホイッパーで混ぜながら牛乳を少しずつ加えてなじませる。フライパン（または鍋）に移して中火にかけ、ゴムべらで混ぜながら加熱する。へらで線を引いたときに、フライパンの底が見えるくらいの濃度になったら火を止め、チョコレートを加えてよく混ぜて溶かす。

2 p.53の作り方3〜6と同様にする。ただし、バニラエッセンスは使わない。

3 アイスクリームディッシャーなどですくい、器に盛る。

# 抹茶アイス

＊材料＊ 容量800mℓの耐冷容器1台分

A ┃ コーンスターチ ......... 10g
　 ┃ グラニュー糖 ......... 60g
抹茶パウダー ......... 10g
牛乳 ......... 140g
B ┃ 生クリーム ......... 150g
　 ┃ グラニュー糖 ......... 20g

＊下準備＊

・20×15×高さ1cmのバットを覆うように、ラップを大きめに敷く。

＊作り方＊

1 ボウルにAと抹茶パウダーを入れ、ホイッパーで混ぜながら牛乳を少しずつ加えてなじませる。フライパン（または鍋）に移して中火にかけ、ゴムべらで混ぜながら加熱する。へらで線を引いたときに、フライパンの底が見えるくらいの濃度になったら火を止める。

2 p.53の作り方3〜6と同様にする。ただし、バニラエッセンスは使わない。

3 アイスクリームディッシャーなどですくい、器に盛る。

# ほうじ茶アイス

**＊材料＊** 容量800mlの耐冷容器1台分

A ┃ コーンスターチ ......... 10g
┃ グラニュー糖 ......... 60g
ほうじ茶パウダー ......... 10g
牛乳 ......... 140g
B ┃ 生クリーム ......... 150g
┃ グラニュー糖 ......... 20g

**＊下準備＊**

・20×15×高さ1cmのバットを覆うように、ラップを大きめに敷く。

**＊作り方＊**

**1** ボウルにAとほうじ茶パウダーを入れ、ホイッパーで混ぜながら牛乳を少しずつ加えてなじませる。フライパン（または鍋）に移して中火にかけ、ゴムべらで混ぜながら加熱する。へらで線を引いたときに、フライパンの底が見えるくらいの濃度になったら火を止める。

**2** p.53の作り方3～6と同様にする。ただし、バニラエッセンスは使わない。

**3** アイスクリームディッシャーなどですくい、器に盛る。

# ラムレーズンアイス

**＊下準備＊**

・ラムレーズンは茶こしに入れ、軽く水けをきる。
・20×15×高さ1cmのバットを覆うように、ラップを大きめに敷く。

**＊材料＊** 容量800mlの耐冷容器1台分

A ┃ コーンスターチ ......... 10g
┃ グラニュー糖 ......... 50g
牛乳 ......... 140g
卵黄 ......... 1個分
ラム酒 ......... 5g
B ┃ 生クリーム ......... 150g
┃ グラニュー糖 ......... 20g
ラムレーズン（p.47囲み参照）
......... 60g

**＊作り方＊**

**1** ボウルにAを入れ、ホイッパーで混ぜながら牛乳を少しずつ加えてなじませる。卵黄とラム酒を加え、さらによく混ぜる。

**2** フライパン（または鍋）に移して中火にかけ、ゴムべらで混ぜながら加熱する。へらで線を引いたときに、フライパンの底が見えるくらいの濃度になったら火を止める。

**3** p.53の作り方3～6と同様にする。ただし、バニラエッセンスではなく準備したラムレーズンを加えて混ぜる。

**4** アイスクリームディッシャーなどですくい、器に盛る。

# チョコアイスサンドクッキー

一年中チョコ大好き！
#うまー
チョコクッキーでチョコアイスを挟んだ、
とびきり濃厚なやつです。
サクッとトロッとチョコリッチで、
すごくおいしかった!!
#最高

\* 材料 \*　2個分

チョコレートアイス（p.55参照）.......... 2スクープ（約140g）
チョコクッキー（p.44参照）.......... 4枚
☕直径6cmの丸い型で抜いたクッキー4枚を使用。このサンドクッキー
には、丸いクッキーを用意する。

\* 作り方 \*

チョコクッキーを2枚1組にして、チョコレートアイスを1スクー
プずつ、それぞれクッキーの上にのせる（a）。残りのクッキー
をのせ（b）、上から手で軽く押してなじませ、バターナイフな
どで側面のアイスをなでて整える。

57

# 2章

## プレゼントにもぴったり
## 濃厚リッチな定番スイーツ

ラグジュアリーホテルのパティスリーみたいな、
濃厚リッチで、ちょっと「よそゆき」なスイーツたち。
フロランタン、チーズケーキ、パウンドケーキは、
少し寝かせておいしさを熟成するので、ギフトにもぴったりです。
シュークリームは、凍らせてシューアイスにしても。

ミックスナッツの
フロランタン

作り方はp.60へ

# ミックスナッツの
# フロランタン

ピーカンナッツ、アーモンド、くるみを
ローストして混ぜ込んで、パキッとうまーい！
フロランタン大好き。毎日食べたい。
#やめときましょう

＊材料＊ 15cm角のスクエア型1台分

〈クッキー生地〉

バター ………… 40g

きび砂糖 ………… 15g

はちみつ ………… 15g

A ｜ アーモンドプードル ………… 15g
　　｜ 薄力粉 ………… 70g

〈キャラメル生地〉

バター ………… 20g

グラニュー糖 ………… 20g

はちみつ ………… 20g

純生クリーム ………… 20g

好みのローストナッツ ………… 110g

☑ここではピーカンナッツ、アーモンド、
くるみを使用。

〈トッピング〉

ピスタチオ ………… 5g（正味）

☑殻があればむく。

＊下準備＊

・クッキー生地用のバターは常温に
　戻す。

・Aは合わせて泡立て器で混ぜる。

・ローストナッツは粗く刻む。

・ピスタチオは140℃のオーブンで
　10分ローストする。

・型にオーブンシートを敷く（a）。

・オーブンは180℃に予熱する。

a

＊作り方＊

1

クッキー生地を作る。ボウルにバ
ターを入れ、きび砂糖を加えてゴム
べらで混ぜる。

2

はちみつを入れ、ゴムべらでしっか
りと混ぜる。

**3**

準備したAを入れてゴムべらで切るように混ぜ、ひとまとまりにする。

**4**

ラップで包み、めん棒で15cm角にのばして冷蔵庫で30分ほど冷やす。

**5**

冷蔵庫から取り出してラップをはずし、型に入れてフォークで全体に穴をあける。

**6**

180℃のオーブンで13～15分焼き、型ごと取り出して粗熱をとる。

**7**

キャラメル生地を作る。フライパンにローストナッツを除くすべての材料を入れて中火にかけ、ゴムべらで混ぜる。

**8**

グツグツとしてとろみがついてきたらローストナッツを入れ、混ぜながらさらに1分ほど煮詰め、火を止める。

**9**

6の上に広げるようにのせる。

**10**

180℃のオーブンで15分ほど焼き、型ごと取り出して熱いうちにピスタチオを全体に散らす。触れるくらいまで冷めたら、型から取り出してオーブンシートをはがす。

☞焼きたてはまだかたまっていないので、すぐに取り出すと形が崩れます。

**11**

クッキー生地の側を上にして台におき、四方の端を5mmほどカットしてから9等分に切る。

☞ブレッドナイフを前後に動かしながら切ると、きれいに切れます。

61

# チーズケーキ

どんどん材料を混ぜて、オーブンで焼くだけだから簡単。
昔ながらのかため食感が好きなので、
よつ葉のクリームチーズを使っています。
やわらかく、なめらかな食感が好きな方は、
リュクスのクリチがおすすめです。

黒糖ラムレーズンの
チーズケーキ
作り方は p.67へ

シナモンアップル
チーズケーキ
作り方は p.66へ

ベイクドチーズケーキ
作り方は p.64へ

子どもの頃から作り続けている
わたしの原点ともいえるケーキです。
濃厚でクリーミー、誰もが食べたことのある
定番のベイクドに、楽しい食感を加えた
ニューフェイスも自信作！

母がはじめて焼いてくれたお菓子が、ベイクドチーズケーキでした。
毎日忙しく働いていて、お菓子を作る時間なんて全然なかった母が、
引っ越しを機にオーブンを買って、
誕生日でも記念日でもない日に突然焼いてくれて。

もう、びっくりでした。「えっ！ ケーキってお家で作れるんだ！」って。
兄と「おいしいね」「おいしいね」って言い合って食べたのも、
なんてことない日常のワンシーンですが、幸せな思い出です。

それから、母はチーズケーキだけは焼いてくれるようになりました。
ほかのお菓子はいっさいなく、チーズケーキ一筋。
私も兄も、母のチーズケーキが大好きでした。

そして、私が最初に作ったお菓子も、このベイクドチーズケーキでした。
留守番をしていて、冷蔵庫を開けたら「おっ！ クリームチーズがあるぞ」と。
あのチーズケーキを作ろうと、見よう見まねで
スプーン2杯くらいの砂糖を混ぜて焼いたら、
めっちゃゆるくて甘くなくて、おいしくなくて、
「えぇ？ 作れないんだけど」と、またびっくり。

いちばん驚いたのは、じつは母のレシピが目分量だったこと。
母にチーズケーキのレシピを聞いたら、
適当に味見をしながら作っているんだけど……と。
だから、いまだに母のチーズケーキの味は再現できていません。

でも、あのチーズケーキがきっかけとなって、
試行錯誤をしながら、私の好きな味と食感を追求して生まれたのが、
このベイクドチーズケーキなのです。

# ベイクドチーズケーキ

*作り方*

**1**

ボトムを作る。クッキーはジッパーつきポリ袋に入れ、めん棒でつぶして細かくする。

**2**

準備したバターを加え、全体にしっとりするまで袋の上から手でもむ。

**3**

型に入れ、めん棒（またはコップの底）でギュッと押しつけてかためる。

**4**

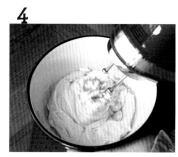

チーズケーキ生地を作る。ボウルにAを入れ、ハンドミキサーの低速でしっかりと混ぜ、卵を割り入れてさらに混ぜる。

**5**

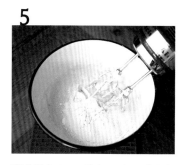

薄力粉をふるい入れ、ダマにならないようにハンドミキサーの低速でていねいに混ぜる。

**6**

バニラビーンズペースト、生クリームを加えてハンドミキサーの低速でよく混ぜ、レモン汁を加えてさらに混ぜる。

**7**

3に6を流し込み、ゴムべらで表面を平らにならす。

**8**

200℃のオーブンで35〜40分焼く。

**9**

オーブンから型ごと取り出して網にのせ、粗熱をとる。型ごとラップをかけて冷蔵庫で半日以上寝かせる。

**10**

冷蔵庫から取り出してラップと型をはずし、オーブンシートをはがす。好みの大きさに切って器に盛る。
☞温めたナイフで切ると、断面がきれいに切れます。

# シナモンアップル
# チーズケーキ

**\*材料\*** 直径15cmの底取れ丸型1台分

〈ボトム〉

クッキー（またはビスケット）.......... 80g

バター.......... 40g

〈チーズケーキ生地〉

A｜クリームチーズ.......... 300g
　｜きび砂糖.......... 80g

卵.......... 1個

薄力粉.......... 15g

生クリーム.......... 100g

**シナモンアップル**（右下囲み参照）
.......... 全量

**\*作り方\***

**1** p.64〜65の作り方**1〜5**と同様にする。

**2** 生クリームを加え、ハンドミキサーの低速でよく混ぜる。

**3** 軽く水けをきったシナモンアップルを加え、全体にいきわたるようにゴムべらで混ぜる。型に流し込み、表面を平らにならす。

**4** p.64〜65の作り方**8〜10**と同様にする。

**\*下準備\***

・バターは湯煎にかけて（または電子レンジで30〜40秒加熱して）溶かす。

・クリームチーズは常温に戻す。

・型にオーブンシートを敷く。

・オーブンに天板を入れ、200℃に予熱する。

---

### シナモンアップル

**\*材料\*** 作りやすい分量
りんご1個、バター10g、きび砂糖30g、シナモンパウダー1g

**\*作り方\***
りんごは皮をむき、芯を除いて1cm厚さのいちょう切りにする。フライパンを中火で温めてバターを入れ、りんごを1分ほど炒める。きび砂糖を加え、水けがなくなるまで煮る。火を止めてシナモンパウダーを加え、しっかりと混ぜてそのまま粗熱をとる。

# 黒糖ラムレーズンの
# チーズケーキ

**＊材料＊** 直径15cmの底取れ丸型1台分

〈ボトム〉

クッキー（またはビスケット）.......... 80g

バター .......... 40g

〈チーズケーキ生地〉

A｜ クリームチーズ .......... 300g
｜ きび砂糖 .......... 80g

卵 .......... 1個

薄力粉 .......... 15g

生クリーム .......... 100g

**黒糖ラムレーズン**（右下囲み参照）

.......... 全量

**＊下準備＊**

・バターは湯煎にかけて（または電子レンジで
　30〜40秒加熱して）溶かす。

・クリームチーズは常温に戻す。

・型にオーブンシートを敷く。

・オーブンに天板を入れ、200℃に予熱する。

**＊作り方＊**

**1** p.64〜65の作り方1〜5と同様にする。

**2** 生クリームを加え、ハンドミキサーの低速でよく混ぜる。

**3** 軽く水けをきった黒糖ラムレーズンを加え、全体にいきわた
るようにゴムべらで混ぜる。型に流し込み、表面を平らになら
す。

**4** p.64〜65の作り方8〜10と同様にする。

---

### 黒糖ラムレーズン

**＊材料＊** 作りやすい分量

レーズン100ｇ、黒糖20ｇ、ラム酒30ｇ

**＊作り方＊**

1 レーズンは熱湯でさっと洗い、水分をしっかりふき取り、清潔
　な保存瓶（またはジッパーつきポリ袋）に入れる。

2 黒糖とラム酒を加えて軽く混ぜ、5日ほどつける。

☑すぐに使いたい場合は、1で耐熱容器に入れて黒糖とラム酒を加え、
ラップをかけて電子レンジで1分20秒加熱。しっかりと混ぜて表面に
ぴったりとラップを密着させ、冷まします。

# ラムフルーツケーキ

きび砂糖を使うことで、コクが出ます。
ラム酒漬けフルーツは、おなつ的おすすめの
いちじくとレーズン、クランベリーの3種ミックス。
#うーまーぃー

A ｜ バター ......... 100g
　｜ きび砂糖 ......... 90g

卵 ......... 2個

B ｜ 薄力粉 ......... 100g
　｜ ベーキングパウダー ......... 2g

**ラムフルーツ**（下記囲み参照）
　　　　......... 全量

くるみ ......... 60g

〈シロップ〉

きび砂糖 ......... 18g

水 ......... 25g

ラム酒 ......... 8g

＊下準備＊

・バターと卵は常温に戻し、
　卵は溶きほぐす。

・Bは合わせてふるう。

・ラムフルーツは水けをきる（a）。

・くるみは160℃のオーブンで
　10分ローストする。

・型にオーブンシートを敷く。

・オーブンに天板を入れ、
　170℃に予熱する。

・シロップを作る。耐熱容器に
　シロップの材料をすべて入れ、
　電子レンジで30〜40秒加熱して
　砂糖を溶かし、粗熱をとる。

☙吹きこぼれやすいので、
　様子を見ながら加熱する。

＊作り方＊

**1** ボウルにAを入れ、ハンドミキサーの中速で白っぽくふんわりするまで混ぜる。溶き卵は分離しないよう6回に分けて少しずつ加え、そのつどよく混ぜる。

**2** 準備したBを加え、ハンドミキサーの低速でつやが出るまでしっかりと混ぜる。ラムフルーツとくるみを加え、全体にいきわたるようにゴムべらで混ぜ（b）、型に流し込む。

**3** 170℃のオーブンで50〜55分焼く。途中、20分たったら一度取り出し、中央に縦に1cm深さくらいの切り込みを入れてオーブンに戻す。
☙中心に竹串を刺して生地がついてこなければ焼き上がり。

**4** オーブンから型ごと取り出し、熱いうちに型からはずしてオーブンシートをはがし、準備したシロップを刷毛で生地全体に塗ってしみ込ませる（c）。

**5** ぴっちりとラップで包み、粗熱がとれたら冷蔵庫で半日以上寝かせる。
☙2〜3日寝かせると、味がなじんでおいしくなります。

**6** 冷蔵庫から取り出してラップをはがし、1.5cm幅に切って器に盛る。

**ラムフルーツ**

＊材料＊ 作りやすい分量
レーズン60g、いちじく（ドライ）60g、
クランベリー（ドライ）30g、ラム酒適量

＊作り方＊

1 ドライフルーツは熱湯でさっと洗い、水分をしっかりふき取り、
　清潔な保存瓶（またはジッパーつきポリ袋）に入れる。

2 ラム酒をひたひたに注ぎ、1週間ほどつける。

☙すぐに使いたい場合は、1で耐熱容器に入れてラム酒をひたひたに注ぎ、ラップをかけて電子レンジで1分30秒〜2分加熱。しっかりと混ぜて表面にぴったりとラップを密着させ、冷まします。

# シュークリーム

かためのディプロマットクリームをたっぷり詰めました。
#うまいうまい
オーブンに入れるまでにシュー生地が冷たくなると
膨らみが悪くなるので、冬はご注意を。

**カスタードシュークリーム**

作り方は p.71へ

**チョコシュークリーム**

作り方は p.74へ

# カスタードシュークリーム

＊材料＊ 6〜7個分

〈ディプロマットクリーム〉

卵黄 ......... 2個分

きび砂糖 ......... 60g

牛乳 ......... 200g

薄力粉 ......... 25g

バニラビーンズペースト

......... 7g

バター ......... 10g

生クリーム ......... 70g

グラニュー糖 ......... 15g

〈シュー生地〉

A | 水 ......... 80g

 | こめ油 ......... 10g

 | バター ......... 35g

 | 塩 ......... ひとつまみ

薄力粉 ......... 55g

卵 ......... 2個

水 (霧吹き用) ......... 適量

粉糖 ......... 適量

＊下準備＊

・ディプロマットクリーム用と
 シュー生地用の薄力粉は、それぞれふるう。

・Aのバターは1cm角に切る。

・シュー生地の卵は、常温に戻して溶きほぐし、
 コシを切る。

・20×15×高さ1cmのバットを覆うように、
 ラップを大きめに敷く。

・3cm角に切ったオーブンシートを
 6〜7枚用意する。

・天板にオーブンシートを敷く。
 ☑ここではシルパットを使用。

・オーブンは190℃に予熱する。

＊作り方＊

## 1

ディプロマットクリームを作る。ボウルに卵黄ときび砂糖を入れ、ホイッパーで白っぽくもったりするまで混ぜる。

## 2

牛乳50g、準備した薄力粉、残りの牛乳の順に加え、そのつどよく混ぜ、バニラビーンズペーストを加えてさらに混ぜる。

## 3

フライパンに2を茶こしでこしながら流し入れ、中火にかける。ゴムべらで混ぜながら加熱する。

**4**

かたまってきてボソボソした状態か
らなめらかになったら、さらに1分ほ
ど混ぜて火を止める。

**5**

バターを加え、さらにゴムべらでよく
混ぜる。

**6**

準備したバットに流し入れ、ラップ
でぴったり包んで粗熱をとり、バッ
トごと冷蔵庫で1時間ほど冷やす。

**7**

ボウルに生クリームとグラニュー糖
を入れ、ハンドミキサーの中速で8
分立てにする。冷蔵庫から取り出し
た6を加え、低速にしてなめらかに
なるまで混ぜる。

**8**

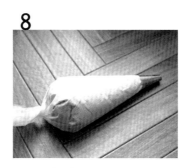

丸口金（8mm）をつけた絞り袋に入
れ、再び冷蔵庫で冷やす。

**9**

シュー生地を作る。フライパンにA
を入れ、強めの中火にかける。

**10**

沸騰したら火を止め、準備した薄力
粉を加え、ゴムべらで混ぜてひとま
とまりにする。
☑写真くらいのかたさになればOK。ベ
チャベチャしているようなら、再度30秒
ほど中火にかけて水分を飛ばしてから11
の作業に移ります。

**11**

コンロから下ろし、溶き卵の半量を
加えてゴムべらでよく混ぜ、残りの
溶き卵を数回に分けて加え、そのつ
どよく混ぜる。

**12**

ゴムべらで生地を持ち上げてゆっく
りと落ちたあと、ゴムべらに残った
生地の先が三角の形をキープすれ
ば、溶き卵を入れるのを止める。
☑溶き卵が残っても加えません。かたけ
れば、残りの溶き卵を加えて混ぜます。
☑膨らみをよくするためシュー生地は手
早く作り、生地がほんのり温かいうちに
13〜15が行えるとベストです。

## 13

丸口金（10mm）をつけた絞り袋に
入れ、シルパットの上に間隔をあけ
て直径5〜6cm大に絞り出す。

## 14

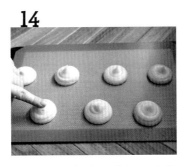

上のとがった部分を、水をつけた指
で軽く押さえて平らにする。

## 15

水をつけた竹串で、平らにした部分
に軽く十字の切り込みを入れる。

## 16

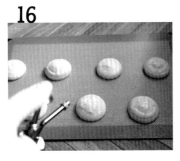

生地全体に霧吹き用の水を2〜3
回吹く。シルパットごと天板にのせ、
190℃のオーブンで35分焼く。

## 17

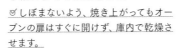

焼き上がったらそのまま庫内に10〜
15分おいて乾燥させる。オーブン
から天板ごと取り出し、シュー生地
を網に移して粗熱をとる。
☑しぼまないよう、焼き上がってもオー
ブンの扉はすぐに開けず、庫内で乾燥さ
せます。

## 18

ナイフでシュー生地の裏側に小さく
十字の切り込みを入れる。

## 19

冷蔵庫から取り出した8の口金を切
り込みに差し入れ、均等に絞る。

## 20

切り込みに3cm角に切ったオーブン
シートを貼りつける。
☑クリームのもれ防止のためにオーブン
シートを貼ります。食べるときは、はがし
忘れに注意。

## 21

茶こしで粉糖をふる。

# チョコシュークリーム

**＊材料＊** 6～7個分

〈チョコディプロマットクリーム〉

卵黄 ......... 2個分

きび砂糖 ......... 50g

牛乳 ......... 200g

A｜薄力粉 ......... 20g
　｜純ココアパウダー ......... 10g

チョコレート（スイートまたはビター）
　　　......... 40g

☑板チョコレートは細かく刻む。

生クリーム ......... 70g

グラニュー糖 ......... 15g

〈チョコシュー生地〉

B｜水 ......... 80g
　｜こめ油 ......... 10g
　｜バター ......... 35g

C｜薄力粉 ......... 45g
　｜純ココアパウダー ......... 5g

卵 ......... 2個

水（霧吹き用）......... 適量

純ココアパウダー ......... 適量

**＊下準備＊**

・A、Cは、それぞれ合わせてふるう。

・Bのバターは1cm角に切る。

・チョコシュー生地の卵は溶きほぐし、コシを切る。

・20×15×高さ1cmのバットを覆うように、ラップを大きめに敷く。

・3cm角に切ったオーブンシートを6～7枚用意する。

・天板にオーブンシートを敷く。
　☑ここではシルパットを使用。

・オーブンは190℃に予熱する。

**＊作り方＊**

**1** チョコディプロマットクリームを作る。ボウルに卵黄ときび砂糖を入れ、ホイッパーで白っぽくもったりするまで混ぜる。牛乳50g、準備したA、残りの牛乳の順に加え、そのつどよく混ぜる。

**2** フライパンに1を茶こしでこしながら流し入れ、中火にかける。ゴムべらで混ぜながら加熱し、かたまってきてボソボソした状態からなめらかになったら、さらに1分ほど混ぜて火を止める。チョコレートを入れて（p.75a）、さらにゴムべらでよく混ぜる。

**3** 準備したバットに流し入れ、ラップでぴったり包んで粗熱をとり（p.75b）、バットごと冷蔵庫で1時間ほど冷やす。

**4** ボウルに生クリームとグラニュー糖を入れ、ハンドミキサーの中速で8分立てにする。冷蔵庫から取り出した3を加え、低速にしてなめらかになるまで混ぜる。丸口金（8mm）をつけた絞り袋に入れ、再び冷蔵庫で冷やす。

**5** チョコシュー生地を作る。フライパンにBを入れ、強めの中火にかける。沸騰したら火を止め、準備したCを加え、ゴムべらで混ぜてひとまとまりにする（p.75c）。
　☑写真くらいのかたさになればOK。ベチャベチャしているようなら、再度30秒ほど中火にかけて水分を飛ばしてから6の作業に移ります。

**6** コンロから下ろし、溶き卵の半量を加えてゴムべらでよく混ぜ、残りの溶き卵を数回に分けて加え、そのつどよく混ぜる。

**7** ゴムべらで生地を持ち上げてゆっくりと落ちたあと、ゴムべらに残った生地の先が三角の形をキープすれば（d）、溶き卵を入れるのを止める。
☞溶き卵が残っても加えません。かたければ、残りの溶き卵を加えて混ぜます。
☞膨らみをよくするためシュー生地は手早く作り、生地がほんのり温かいうちに8〜9が行えるとベストです。

**8** 丸口金（10mm）をつけた絞り袋に入れ、シルパットの上に間隔をあけて直径5〜6cm大に絞り出す。上のとがった部分を、水をつけた指で軽く押さえて平らにし、水をつけた竹串で、平らにした部分に軽く十字の切り込みを入れる。

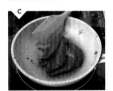

**9** 生地全体に霧吹き用の水を2〜3回吹く。

**10** シルパットごと天板にのせ、190℃のオーブンで40分焼き、焼き上がったらそのまま庫内に10〜15分おいて乾燥させる。オーブンから天板ごと取り出し、シュー生地を網に移して粗熱をとる。
☞しぼまないよう、焼き上がってもオーブンの扉はすぐに開けず、庫内で乾燥させます。

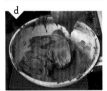

**11** ナイフでシュー生地の裏側に小さく十字の切り込みを入れる（e）。冷蔵庫から取り出した4の口金を切り込みに差し入れ、均等に絞る。

**12** 切り込みに3cm角に切ったオーブンシートを貼りつける。
☞クリームのもれ防止のためにオーブンシートを貼ります。食べるときは、はがし忘れに注意。

**13** 茶こしで純ココアパウダーをふる。

# 3章

## 本格的な味わいに拍手喝采
## 感動味のパイ菓子たち

手作りのパイ生地は、サクサクハラリ。
お味はもう言い表せないくらい、おいしい♪
ナイフを入れたときに伝わってくる、ザクザク感から感動ものです。
エッグタルト、アップルパイ、ガレットデロワで
リッチなパイ菓子を堪能してください。

エッグタルト

作り方は p.78へ

# エッグタルト

とろーり濃厚なクリームをたっぷり味わうエッグタルト。
小さくかわいく焼くパイなので、プレゼントにもぴったりです。
冷やして食べてもうっっっま!!

**＊材料＊** 直径8㎝のマフィンカップ6個分

〈フィリング〉

卵黄 ......... 2個分

グラニュー糖 ......... 45g

薄力粉 ......... 5g

生クリーム ......... 80g

牛乳 ......... 120g

バニラオイル ......... 5滴

パイ生地（22×15㎝×5㎜厚さ1枚／p.88参照）
 ......... 約⅓量（約110g）

☑市販のパイシートで代用OK。

打ち粉（強力粉）......... 適量

**＊下準備＊**

・パイ生地はp.88を参照して作り、
22×15㎝×5㎜厚さにのばす。
　☑出来上がったパイ生地から
　約⅓量を使用。
　☑残った生地の保存はp.90囲み参照。

・マフィンカップ6個にバター約10g
（分量外）を塗る（a）。

・オーブンは200℃に予熱する。

**＊作り方＊**

## 1

フィリングを作る。ボウルに卵黄と
グラニュー糖、薄力粉を入れ、ホ
イッパーで混ぜる。

## 2

混ぜながら、生クリームを少しずつ
加える。

## 3

混ぜながら、牛乳を少しずつ加えて
しっかりと混ぜる。

**4**

バニラオイルをふり入れ、さらに混ぜてメジャーカップなどに入れ替え、ラップをして常温におく。

**5**

打ち粉をした台に準備したパイ生地をのせ、打ち粉を薄くふり、直径7cmのセルクル型（またはコップ）で6枚抜く。

**6**

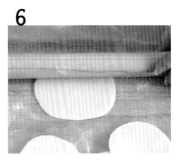

それぞれめん棒で直径12cmにのばす。

**7**

マフィンカップに敷き詰める。

**8**

**4**をもう一度混ぜてから、**7**に均等に流し入れる。

**9**

200℃のオーブンで23〜25分焼き、オーブンから型ごと取り出して網にのせ、粗熱をとる。バターナイフなどで型から取り出し、器に盛る。

アップルパイ

作り方は p.82へ

フィリングに使うりんごは、
シャッキシャキでかたいのが好きです。
一昨年に保護した、末っ子のコツヒロくんも、
りんごのいい香りに興味津々。

# アップルパイ

2枚のパイ生地でフィリングを包むアップルパイ。
格子状に編まずに模様を描くだけだから、簡単に作れます。
バニラアイスをのせて、シナモンをぱらりとしても。

**＊材料＊** 直径18cmのパイ1台分

〈仕上げ用シロップ〉
グラニュー糖 ......... 15g
水 ......... 10g
〈フィリング〉
りんご ......... 2個
グラニュー糖 ......... 55g
レモン汁 ......... 10g
シナモンパウダー ......... 小さじ½

パイ生地（40×25cm×5mm厚さ1枚／p.88参照）
　　　......... 全量
☞市販のパイシートで代用OK。
打ち粉（強力粉）......... 適量
溶き卵 ......... 約10g

**＊下準備＊**
・パイ生地はp.88を参照して作り、40×25cm×5mm厚さにのばす。
　☞出来上がったパイ生地の全量を使用。
・りんごは皮をむき、芯を除いて2cm角に切る。
・オーブンは190℃に予熱する。

**＊作り方＊**

## 1

仕上げ用シロップを作る。耐熱容器にグラニュー糖と水を入れ、電子レンジで30秒加熱してグラニュー糖を溶かす。粗熱がとれたらラップをして常温におく。

## 2

フィリングを作る。フライパンに準備したりんご、グラニュー糖、レモン汁を入れて中火にかけ、ゴムべらで混ぜながら煮る。

## 3

水分が飛んだら火を止め、シナモンパウダーを加えてゴムべらで混ぜ、保存容器に移す。粗熱がとれたら冷蔵庫で1時間冷やす。

**4**

打ち粉をした台に準備したパイ生地をのせ、打ち粉を薄くふり、直径18cmの器（またはボウル）をのせ、ナイフで外周をなぞる。同様にもう1枚切り出す。

**5**

4の残りの生地で、30×1cmほどの平たい棒状の生地を2本切り出す。

**6**

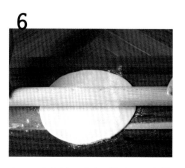

4のパイ生地のうち1枚は、めん棒で直径20cmほどにひと回り大きくのばす。

**7**

もう1枚はオーブンシートを敷いた台にのせ、生地の縁に刷毛で水少々を塗る。

**8**

水を塗った縁に、5の棒状の生地2本を1周するようにつなげてのせる。指で軽く押して生地どうしをくっつけ、つなぎ目もなじませる。

**9**

冷蔵庫から取り出した3を重ねた生地の縁にかからないようにのせ、再び生地の縁に刷毛で水少々を塗る。

**10**

6の生地をかぶせ、縁をナイフの背で軽く押して生地どうしをくっつける。

**11**

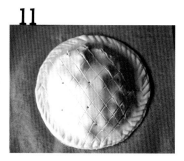

刷毛で溶き卵を表面に塗り、竹串で空気を抜く穴を10カ所ほどあける。最後にナイフで、1〜2mm深さの格子模様をつける。

☞空気を抜く穴は生地を貫通してOK。格子模様はりんごまで貫通しないよう、浅めにナイフを入れます。

☞生地表面の模様は、好きな模様を入れてください。

**12**

オーブンシートごと天板にのせ、190℃のオーブンで40分ほど焼く。オーブンから天板ごと取り出してシートのまま網にのせ、すぐに刷毛で1を塗り、そのままおいて粗熱をとる。シートをはがし、器に盛る。

# ガレットデロワ

手作りのパイ生地はザクザクでとてもおいしいです♪
陶器製フェーブの誤飲が心配な場合は、
代わりにアーモンドなどのナッツを入れたり、
フェーブは別添えにしても。

**＊材料＊** 直径15cmのパイ1台分

〈仕上げ用シロップ〉

グラニュー糖 ......... 15g

水 ......... 8g

ラム酒 ......... 3g

〈アーモンドクリーム〉

バター ......... 40g

グラニュー糖 ......... 40g

溶き卵 ......... 40g

アーモンドプードル
......... 40g

ラム酒 ......... 5g

パイ生地
（35×20cm×5mm厚さ1枚／p.88参照）
......... 約⅔量（約215g）

☺市販のパイシートで代用OK。

打ち粉（強力粉）......... 適量

フェーブ（またはアーモンド）
......... 1個

溶き卵 ......... 約15g

**＊下準備＊**

・パイ生地はp.88を参照して作り、
35×20cm×5mm厚さにのばす。

☺出来上がったパイ生地の約⅔量を使用。

☺残った生地の保存はp.90囲み参照。

・アーモンドクリームのバターと溶き卵は
常温に戻す。

・重石（直径15cmの耐熱性の丸型など）を用意する。

・天板にオーブンシートを敷く。

☺ここではシルパットを使用。

・オーブンは190℃に予熱する。

**＊作り方＊**

**1**

仕上げ用シロップを作る。耐熱容器にシロップの材料をすべて入れ、電子レンジで20〜30秒加熱してグラニュー糖を溶かす。粗熱がとれたらラップをして常温におく。

**2**

アーモンドクリームを作る。ボウルにバターを入れ、グラニュー糖を加えてホイッパーで混ぜる。

**3**

溶き卵を2回に分けて入れ、そのつどよく混ぜる。

85

## 4

アーモンドプードルとラム酒を加え、しっかりと混ぜ合わせる。

## 5

丸口金（10mm）をつけた絞り袋に入れ、冷蔵庫で1時間ほど冷やす。

## 6

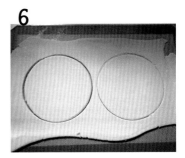

打ち粉をした台に準備したパイ生地をのせ、打ち粉を薄くふり、直径15cmの器（またはボウル）をのせ、ナイフで外周をなぞる。同様にもう1枚切り出す。

## 7

パイ生地のうち1枚は、めん棒で直径16cmほどにのばす（写真右）。

## 8

もう1枚（小さいほう）はオーブンシートを敷いた台にのせ、冷蔵庫から取り出した5を、生地の縁1cmをあけて中心から外側に向かってうず巻き状に絞り、ゴムべらで表面を平らにする。

## 9

クリームの上にフェーブをのせて少し押し込み、1cmあけた縁に刷毛で水少々を塗る。

## 10

残りの生地をかぶせ、縁を指で軽く押して生地どうしをくっつける。

## 11

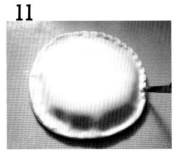

生地の縁にナイフの背を軽く押し込み、ひだを入れる。
☞こうすることでしっかりと生地がくっつきます。

## 12

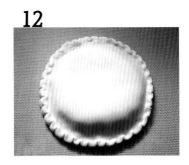

ひだを1周入れ終わったら、乾燥しないようラップをかぶせ、オーブンシートごと冷蔵庫に入れて30分ほど冷やす。

**13**

冷蔵庫から取り出して、回転台（または大きめの皿）の上に裏表を返しておく。

☞平らな面が上になります。

**14**

溶き卵を薄く2回塗る。

☞1回目がある程度乾いてから、2回目を塗ってください。

**15**

竹串で空気を抜く穴を中心に1カ所あける。

**16**

中心の穴を起点に、時計回りにナイフで模様を入れる。ゆるいカーブを描きながら、できるだけ均等な間隔で1〜2mm深さの線を入れる。

☞生地を貫通しないよう、浅めに切り込みを入れます。

**17**

次に、中心の穴から反時計回りに同様に線を入れ、木の葉の形を描く。

**18**

最後に葉脈の線を入れ、葉の外側にも等間隔で線を入れる。

☞生地表面の模様は、好きな模様を入れてください。

**19**

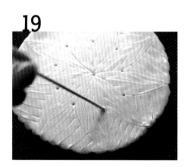

天板にのせ、表面に竹串で空気を抜く穴を10カ所ほどあける。

☞空気を抜く穴は生地を貫通してOK。

**20**

190℃のオーブンで20分焼き、生地の上にオーブンシートをのせ、準備した重石をのせてさらに40分ほど焼く。

※重石をのせて焼くのは、膨らみすぎを防ぎ表面を平らに整えるためです。

**21**

オーブンから天板ごと取り出して重石とオーブンシートを取り除き、シルパットにのせたまま網にのせ、すぐに刷毛で1を塗る。そのままおいて粗熱をとり、器に盛る。

87

Column

# 段違いにおいしい パイ生地の作り方

エッグタルト、アップルパイ、ガレットデロワで使用した、
ザクザクホロリな食感がおいしい
自家製パイ生地の作り方を紹介します。
生地は冷凍で1カ月保存できます。

## ◆自家製パイ生地

p.78、82、85で使用

**＊材料＊** 作りやすい分量（出来上がり約320g）

〈バター生地〉
薄力粉 ......... 25g
強力粉 ......... 25g
発酵バター
　　......... 100g

〈デトランプ〉
薄力粉 ......... 60g
強力粉 ......... 40g
バター ......... 35g
水 ......... 35g
塩 ......... 2g

打ち粉（強力粉）
　　......... 適量

**＊下準備＊**

・バター生地用、デトランプ用の
　バターはそれぞれ1cm角に切り、
　冷蔵庫で冷やす（a）。
・デトランプ用の水に
　塩を加えて溶かし、
　冷蔵庫で1時間冷やす。

＊作り方＊

**1**

バター生地を作る。フードプロセッサーにバター生地の材料をすべて入れ、中〜高速で、さらさらした状態から固形になるまで混ぜる。
☞まとまるくらいでOK。混ぜすぎに注意してください。

**2**

フードプロセッサーから取り出してひとまとまりにし、ラップで包んでめん棒で10×10cmにのばし、冷蔵庫で1時間冷やす。

**3**

デトランプを作る。フードプロセッサーに準備した塩水以外の材料をすべて入れ、中速でサラサラになるまで混ぜる。

**4**

冷蔵庫から準備した塩水を取り出して加える。

**5**

フードプロセッサーの中速で、生地がまとまるまで混ぜる。

**6**

フードプロセッサーから取り出してひとまとまりにし、ラップで包んでめん棒で10×10cmにのばし、冷蔵庫で1時間冷やす。
☞冷蔵庫に入れるときは、金属製のトレイにのせて冷やすとよく冷えます。

**7**

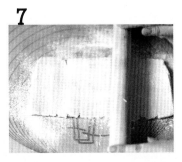

冷蔵庫から取り出した**2**の表裏に打ち粉をたっぷりとふって台にのせ、めん棒で10×20cmにのばす。
☞ここからの作業は、生地が台にくっつかないよう打ち粉をしながら進めます。

**8**

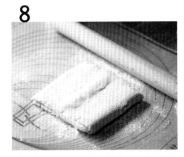

冷蔵庫から取り出した**6**を**7**の中央にのせ、両端を折りたたんで中心で合わせて閉じる。
☞両脇は閉じなくてOKです。

**9**

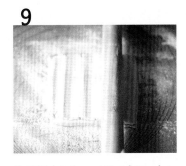

生地同士をくっつけるように、上からめん棒で数カ所グッと押さえる。

## 10

乾燥しないようにビニール袋に入れ、冷蔵庫で30分冷やす。

## 11

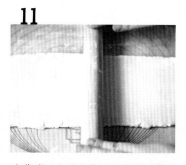

冷蔵庫から取り出し、9と同じ向きで台におき、めん棒で40×15cmにのばす。

## 12

三つ折りにして生地の向きを90°回転させる。

## 13

生地同士をくっつけるように、上からめん棒で数カ所グッと押さえる。

## 14

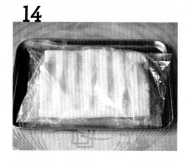

乾燥しないようにビニール袋に入れ、冷蔵庫で30分冷やす。

## 15

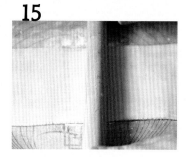

冷蔵庫から取り出し、13と同じ向きで台におき、めん棒で40×15cmにのばす。

## 16

このあと、12〜15の工程をさらに4回くり返す。

☞生地を三つ折りにして、90℃回転させ、圧着して冷蔵庫で冷やし、めん棒でのばす、が一連の工程になります。

☞最後は、使用する厚さ、大きさの生地にのばします。

### 残った生地は冷凍保存

使い残しの生地があれば、ひとまとまりにしてめん棒で1cm厚さにのばし、ジッパーつきの保存袋に入れ（袋に入る大きさに適宜たたむ）、冷凍庫へ。使うときは、冷蔵庫に移して解凍してから使用する。

☞1カ月ほど冷凍保存ができます。

# 基本の材料

この本で使用した基本の材料を紹介します。どれもリッチで濃厚に仕上げるために欠かせないこだわりの素材たちです。扱い慣れれば、お菓子作りの腕も上がりますよ。

## 1.卵
ほとんどのレシピで登場する欠かせない材料。Mサイズを使用しています。

## 2.甘み
[きび砂糖・グラニュー糖]
きび砂糖はコクを出したいときに、グラニュー糖は、素材の味を生かしすっきりと仕上げたいときに使います。

## 3.粉類
[ベーキングパウダー・強力粉・薄力粉]
ベーキングパウダーを使うとパウンドケーキ系はふわっと焼き上がり、ドーナツはサクッと揚がります。強力粉と薄力粉は、タンパク質量の違いで強力粉はずっしり、薄力粉は軽やかに仕上がるのが特徴です。両方のよいところを引き出すため、本書では混ぜて使用。

## 4.乳製品
[バター・クリームチーズ・牛乳・生クリーム]
バターは食塩不使用のものを使います。パイ生地（p.88）を作るさいは、発酵バター（食塩不使用）を使うととてもおいしく仕上がります。クリームチーズはチーズケーキで使用。やわらかいもの、かたいもの、酸味が強い弱いなどいろいろありますが、私はよつ葉のクリームチーズがお気に入りです。牛乳は、成分無調整のものが作りやすくおすすめ。カヌレには欠かせない材料で、乳脂肪分が高い牛乳を使うと濃厚な味わいになります。生クリームは乳脂肪分47％のものを使用。ホイップするときに混ぜすぎるとボソボソになりやすいので注意。

## 5.香り
[バニラオイル・バニラビーンズペースト]
生地に香りをつけるために加えます。香りは大切な要素で、バニラアイスなどはバニラの香りがないとおいしさが半減してしまいます。バニラオイルはふ

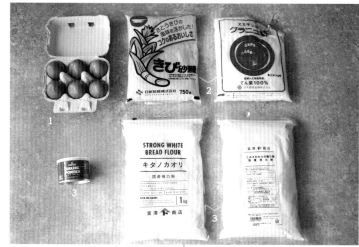

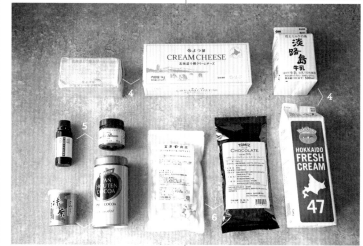

んわりと香りを立たせたいとき、バニラビーンズ入りのバニラビーンズペーストは、バニラの香りと風味を強く出したいときに、と使い分けます。ペーストがなければバニラオイルで代用可能。

## 6.フレーバー
[抹茶パウダー・ココアパウダー・ホワイトチョコレート・チョコレート]
抹茶パウダーはホワイトチョコレートと、ココアパウダーはチョコレートとの相性が抜群。どちらもホイップクリームに加えると味に深みが増します。ホワイトチョコレートとチョコレートはクーベルチュールがおすすめ。タブレットまたはフレークタイプなら削る手間がいらず、すぐに溶けるので作業がとても楽になります。チョコレートはスイートかダークを選べば、濃厚なのにクドすぎずおいしい仕上がりに。

# 基本の道具

みっちり濃厚なスイーツをおいしく作るために、そろえておきたい基本の道具はこちらです。
きちんと分量を量り、ていねいにプロセスを追うことで、失敗を防げます。

## 1.ボウル
電子レンジにもかけられる耐熱のポリカーボネイト製のボウルを使用。大きさ違いで用意して、材料に合わせて使い分けるとよいでしょう。注ぎ口がついていればさらに使いやすいです。

## 2.はかり
[メジャーカップ・デジタルスケール]
材料を量るために使用します。メジャーカップはレンジにかけられる500㎖容量のもの。デジタルスケールは、0.1g単位で量れるタイプが便利。

## 3.ホイッパー
材料を混ぜるのに使います。材料の分量に合わせて、サイズ違いで大小のホイッパーを用意すると便利。

## 4.温度計
カヌレや、ドーナツの油の温度を測るさいに使います。こちらは材料に直接刺すタイプですが、非接触で測れるタイプも。

## 5.茶こし・粉ふるい
茶こしは、カヌレ液をこしたり、仕上げに粉糖やココアパウダーをふるうさいに使用します。目の細かいものがおすすめ。粉ふるいは、強力粉、薄力粉のダマをなくすために使用。ふるいにかけることで、ほかの材料とも混ざりやすくなります。

## 6.網（ケーキクーラー）
焼き上がったお菓子をのせて冷ます網。クッキーやシュークリーム、パイ菓子など、お菓子作りの定番アイテム。

## 7.口金・絞り袋
口金は用途に合わせて主に3種類を使用。シュークリームなどに注入するときは、10㎜または8㎜の丸口金、ロールケーキや生カヌレを飾るときは10㎜の花口金と星口金を使います。絞り袋は使い捨てタイプが便利。2のメジャーカップに絞り袋をセットしてクリームを入れると、作業がしやすくなります。

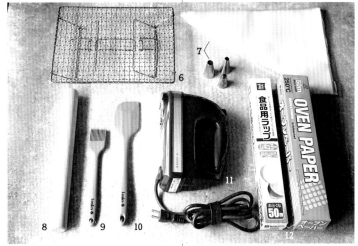

## 8.めん棒
パイ生地やクッキー生地、ドーナツ生地をのばすのに使用。

## 9.刷毛
熱に強く、衛生的なシリコン製が手入れしやすく使いやすいです。

## 10.ゴムべら
柄と一体になったシリコン製が、しなりもよく衛生的に使えるのでおすすめ。

## 11.ハンドミキサー
生クリームやメレンゲの攪拌、材料がねっとりとして重たく混ぜにくいときに活躍します。3段階の速度切り替えができればOK。写真はキッチンエイドのハンドミキサー。

## 12.ラップ・オーブンシート
クッキー生地などをめん棒でのばすときに、生地をラップで挟むとめん棒につかずに作業が行えます。ただし、パリッとしたラップよりも、100円ショップなどで購入できるやわらかめのほうが破れにくくのばしやすいです。オーブンシートは幅が30㎝ほどあるものが、使いやすくおすすめ。

# おなつ的濃厚スイーツランキング

どれも甲乙つけがたいのですが、おなつ的に選ぶならこの10スイーツたち！
インスタグラムでも「作りたい、食べたいが渋滞！」と評判のよかったレシピたちです。

### 第1位

**みっちみちチョコケーキ**
チョコレートをそのまま食べるよりも濃厚！ その密度は、まるでチョコレート爆弾です。 → p.34

### 第2位

**バナナチョコレートブラウニー**
ねっちり食感でバナナの風味も最高。しっかり冷やして食べるのが◎。 → p.48

### 第3位

**みっちみち抹茶ケーキ**
抹茶とホワイトチョコを凝縮したようなずっしりケーキ。少しずつ味わって食べたい。 → p.36

### 第4位

**ピスタチオとチェリーの
みっちみちケーキ**
ピスタチオペーストが加わることで、しっとり感が増し増しです。 → p.38

### 第5位

**ベイクドチーズケーキ**
クリームチーズをこれでもか！ というくらい使った大好物のケーキ。 → p.64

### 第6位

**チョコロールケーキ**
モチッとした生地が、濃厚なチョコクリームとよく合う〜！ → p.30

### 第7位

**バニラアイス**
口溶け最高！ 濃厚リッチなアイスクリームは、冬に食べるのがお気に入り。 → p.52

### 第8位

**チョコアイス
サンドクッキー**
チョコアイスをチョコクッキーで挟んだ、チョコ好きにはたまらないおやつ。 → p.57

### 第9位

**チョコドーナツ**
揚げたてはサクサク、時間がたつとザクッとしっとりに。好みのチョココーティングでさらにうまっ。 → p.12

### 第10位

**ラムフルーツケーキ**
生地を寝かせれば寝かせるほど、しっとり味わい深くなります。おなつは1週間くらい寝かせちゃいます。 → p.68

# フレーバー別濃厚スイーツ索引

その日の気分や贈る人の好み、今ある材料と照らし合わせて選べる、楽しい索引です。
「今日は抹茶の口！」「クリームで満たされたい」など、自由に逆引きしてください。

## プレーン味

## チョコレート味

## 抹茶味

## その他フレーバー

## ホイップクリームが主役

## おなつ
＊

お菓子とパンの研究家。猫6匹（直幸・茶くん・たんむぅ・シビちゃん・風子・コツヒロ）、家族と暮らす濃厚スイーツ大好き女子。図書館に行くのが趣味で、お菓子本、パンの本などを読み、日々独学で研鑽を重ねる。ケーキ屋さん、パン屋さん巡りも欠かさず、365日みっちみちな濃厚スイーツへのアンテナを張り巡らせている。本書が初著書となる。
Instagram　@nekozukionatsu

## みっちみち&リッチ！
## 感動味の濃厚スイーツ

2024年1月5日　初版第1刷発行

著者　　おなつ

発行人　川崎深雪
発行所　　株式会社　山と溪谷社
　　　　　〒101-0051
　　　　　東京都千代田区神田神保町1丁目105番地
　　　　　https://www.yamakei.co.jp/
印刷・製本　図書印刷株式会社

●乱丁・落丁、及び内容に関するお問合せ先
　山と溪谷社自動応答サービス
　TEL.03-6744-1900
　受付時間／11:00〜16:00（土日、祝日を除く）
　メールもご利用ください。
　【乱丁・落丁】service@yamakei.co.jp
　【内容】info@yamakei.co.jp
●書店・取次様からのご注文先
　山と溪谷社受注センター
　TEL.048-458-3455　FAX.048-421-0513
●書店・取次様からのご注文以外のお問合せ先
　eigyo@yamakei.co.jp

定価はカバーに表示してあります。
乱丁・落丁本は送料小社負担でお取り替えいたします
禁無断複写・転載

料理・撮影・スタイリング
おなつ

デザイン
千葉佳子（kasi）

イラスト
花松あゆみ

校正・DTP
かんがり舎

プリンティングディレクション
栗原哲朗（図書印刷）

編集
泊 久代
若名佳世（山と溪谷社）

協力
富澤商店
https://tomiz.com/
tel 0570-001919